이렇게
키워서
서울대
보냈습니다

이렇게 키워서 서울대 보냈습니다

발행일   2022년 6월 13일

지은이   장경미
펴낸이   손형국
펴낸곳   (주)북랩

편집인   선일영   **편집**   정두철, 배진용, 김현아, 박준, 장하영
디자인   이현수, 김민하, 안유경, 김영주   **제작**   박기성, 황동현, 구성우, 권태련
마케팅   김회란, 박진관
출판등록   2004. 12. 1(제2012-000051호)
주소   서울특별시 금천구 가산디지털 1로 168, 우림라이온스밸리 B동 B113~114호, C동 B101호
홈페이지   www.book.co.kr
전화번호   (02)2026-5777   **팩스**   (02)2026-5747

ISBN   979-11-6836-351-9 03370 (종이책)   979-11-6836-352-6 05370 (전자책)

(주)북랩 성공출판의 파트너

북랩 홈페이지와 패밀리 사이트에서 다양한 출판 솔루션을 만나 보세요!

홈페이지 book.co.kr   •   **블로그** blog.naver.com/essaybook   •   **출판문의** book@book.co.kr

---

작가 연락처 문의 ▶ ask.book.co.kr

작가 연락처는 개인정보이므로 북랩에서 알려드릴 수 없습니다.

이렇게
키워서
서울대
보냈습니다

서울대 보낸 엄마의 합격스토리

장경미 지음

— ◆ 서울대 합격 0.1%의 비밀 ◆ —

아이와 함께하는 삶
아이도 엄마도 성장하는 삶

 북랩

창밖에서 불어오는 부드러운 바람이 느껴져 고개를 돌려보니, 분홍빛 꽃잎이 가득한 벚나무가 눈에 들어옵니다. 사람의 마음이 갈대와 같다고 했던가요? 해마다 돌아오는 봄이건만 제가 느끼는 이번 봄은 더 부드럽고 향기롭습니다.

2022년 대학 입시에서 아이가 학생부종합전형으로 서울대학교 수의과대학에 합격했습니다. 합격의 기쁨은 상상 그 이상이었어요. 가족과 지인들의 진심 어린 축하와 부러움이 담긴 연락이 이어졌습니다. 같은 봄 다른 느낌, 설렘 가득한 행복이 이런 것이구나! 만끽하면서 시간을 보내고 있습니다.

주위에서 서울대에 합격한 비법이 무엇인지, 저만의 특별한 비결이 있는지 물어보는 분들이 많았습니다. 공부법뿐 아니라 사교육을 시켜야 하는지, 내신 관리는 어떻게 했는지, 학교생활은 어떻게 하면 되는지, 부모와의 관계는 어떠했는지 등 전반적인 자녀교육법과 서울대 보내는 실질적인 방법에 관한 질문을 많이 받았습니다.

저는 진심을 다해 동물을 치료하며 살아온 25년 차 수의사로 일이 바빠서 아이의 일정을 세세하게 관리하며 공부시키지는 못했습니다. 아이와 많은 시간을 같이 있지 못해 미안한 마음이 있었지만, 아이의 시기별 중요도에 따라 나름의 가치관을 가지고 양보다는 질을 선택하면서 집중했습니다. 그래서 아이와의 시간을 허투루 쓰지 않으려고 노력했고, 조금이라도 시간이 나면 아이와 재미있는 일을 찾아 함께했습니다.

그 어떤 교육 방법보다 아이와의 시간을 소중히 여기며 즐기는 육아법을 실천했습니다. 겁 없이 엄마가 되고 난 후 엄마인 내가 어떻게 하느냐에 따라 아이의 인생이 달라질 수 있다는 생각에 처음에는 두렵기도 했습니다. 누구나 엄마가 처음이기 때문에 시행착오를 겪기 마련입니다. 부족함이 많은 엄마지만 아이와 함께 배우며 성장한다는 생각으로 엄마의 역할을 즐겼습니다. 아이와 생활하면서 마음대로 되지 않던 일도 서로 이야기하고 나누며 울고 웃으며 진짜 어른이 되어갔습니다. 두려움이 점점 설렘과 희망으로 바뀌었습니다.

서울대는 공부만 잘해서 가는 곳이 아니라고 합니다. 뭔가 그 아이만의 특별한 점이 있어야 한다고 합니다. 정말 그런가요? 우리 아이는 그저 다른 아이들처럼 평범했습니다. 조금의 차이를 찾자고 하면 어린 시절부터 형성된 긍정적인 마음가짐과 꾸준히 할 수 있는 공부머리, 그리고 체력입니다. 초중 시절의 바르게 형성된 인성을 바탕으로 고등학교 시절 스스로 꾸준히 공부한 결과 서울대라는 좋은 결과로 이어진 것 같습니다.

좋은 성적과 좋은 학교가 최선은 아니지만 내 아이가 최고의 삶을 살기를 바라는 엄마의 마음은 다 똑같습니다. 나보다 더 나은 삶을 살기 바라는 마음도 한결같습니다. 이러한 마음을 알기에 저의 작은 경험을 풀어냈습니다.

　　저는 교육전문가도 아니고, 요즘 수험생을 둔 신세대 엄마들처럼 매년 바뀌는 입시정보를 줄줄 꿰고 있는 것도 아닙니다. 하지만 우리나라 입시라는 긴 터널을 먼저 겪어봤기에 같은 길을 가는 엄마와 아이에게 도움이 될 수 있겠다는 생각으로 용기를 냈습니다. 아이를 키우는 선배 엄마로서 옆집 언니로서 들려주는 이야기가 엄마들에게 도움이 되었으면 합니다. 저의 작은 경험들이 누군가에게는 큰 힘이 되고 격려가 되었으면 하는 마음을 담았습니다.

　　책을 준비하면서 곰곰이 생각해보았습니다. '아이를 키우면서 지난 20년간 내가 했던 방법 중에 뭔가 특별한 방법이 있었을까?' 그 생각의 결론은 아이의 시기별 중요성을 인식하고, 최고의 선택과 집중을 위해 노력했다는 것입니다.

제가 남들과 달랐던 것은 아이를 향한 흔들리지 않는 믿음이었습니다. 잘 될 거라고 괜찮다고 믿으며, 조급해하지 않고 늘 한결같은 마음으로 내 아이를 바라보았습니다. 그런 믿음이 있었기에 남들은 아이의 교육을 위해 강남으로 목동으로 이사할 때 아이의 정서 환경을 위해 자연과 가까운 일산으로 이사할 수 있었습니다.

7년 동안 하루 3시간씩 걸려서 서울로 출퇴근을 했습니다. 아이의 정서 환경을 위해서는 제가 좀 힘들면 된다고 생각하고 버텼습니다. 이렇게 노력한 결과 정서적으로 안정된 아이에게는 늘 믿고 지지해주는 엄마가 있었기에 흔들리지 않고 꾸준히 공부할 수 있었습니다.

아이 키우는 과정이 순탄하기만 했을까요? 당연히 아닙니다. 들여다보면 좌충우돌 힘든 순간도 있었고 제 속이 까맣게 다 타버린 때도 있었습니다. 다 포기하고 싶은 순간도 있었습니다. 하지만 좋을 때나 힘들 때나 아이와 함께하는 이 모든 순간을 긍정적으로 받아들였습니다. 아이와 가족 모두가 삶을 공유하고 함께 보듬어주면서 결과가 아닌 과정을 중요하게 생각했습니다.

엄마들이 가장 궁금해하는 것들을 중심으로 서울대 합격 이야기와 엄마들에게 드리는 특별한 조언, 서울대 합격 공부법과 지금 당장 우리 아이에게 적용할 수 있는 자녀교육법을 정리했습니다. 일반고등학교에서 서울대 합격하면서 겪었던 과정들 입시를 준비하면서 아이를 키우면서 전반적인 과정을 이 책에 담아냈습니다.

자녀교육에는 정답이 없습니다. 책 속의 이야기들도 제가 아이와 해왔던 방식으로 정답이 아닐 수 있습니다. 아이들이 가진 특성과 성향이 모두 다 다르기 때문입니다. 다만 조금 더 먼저 서울대 합격을 경험한 이야기를 참고해서, 내 아이의 기질에 맞게 생각하고 적용해보세요. 엄마로서의 고단함이 보람으로 바뀌는 결과가 있을 겁니다.

한 가지 꼭 드리고 싶은 말씀이 있습니다. 코로나 이후의 삶은 하루가 다르게 변하고 있습니다. 빈부격차는 심해지고 경쟁은 더 치열해집니다. 하지만 세상이 바뀌어도 변하지 않는 진리가 있습니다. 좋은 성적과 능력 이전에 중요한 것은 바로 사람됨이 먼저라는 것입니다. 무엇보다 기본인성이 가장 중요합니다.

기본인성이 바탕이 된다면 공부는 아이 스스로 합니다. 우리 사회에는 머리만 좋고 기본인성이 안된 사람들이 사회를 멍들게 하는 일들이 있습니다. 저는 우리 아이들이 인성과 도덕이 바탕이 되어 사회에 이바지할 수 있는 한 사람으로 커나가길 바랍니다.

"인성과 도덕이 없는 교육은 아무리 유용하더라도 단지 사람을 똑똑한 악마로 만들 뿐이다."라는 *C.S 루이스*의 명언을 항상 가슴속에 새깁니다.

"Education without values, as useful as it is, seems rather to make man a more clever devilish."

아이들은 부모보다 훨씬 나은 존재로 하나하나 빛나는 보석 같은 존재이기 때문에 반드시 그 고유의 빛이 있습니다. 엄마는 그 아이의 빛을 찾아주는 존재입니다. 아이와 함께 그 빛을 찾아가는 여행을 떠나세요.

삶은 경주가 아닌 음미하는 여행입니다. 아이의 손을 잡고 함께 존중하면서 여행을 즐긴다면 행복한 목적지에 도착할 겁니다.

CONTENTS

서울대 합격 이야기

ω

우리 아이가 잘되고 명문대에 입학하기를
바라는 엄마의 마음은 다 똑같습니다.
나보다 더 나은 삶을 살기를 바라는 마음도 정상입니다.
엄마의 마음에는 아이를 향한 믿음과 희망이 있습니다.

이렇게 키워서 서울대 보냈습니다

1
엄마 나 합격했어요

아침부터 애써 괜찮은 척했지만 긴장되는 마음을 숨길 수 없었습니다. 오늘은 저녁 6시에 서울대학교 수시합격자발표가 예정된 날입니다. 생물Ⅱ과목의 오답 교정으로 합격자 발표가 이틀이나 연기되어 기다림은 더 간절했습니다. 제 마음이 이러한데 아이의 마음은 어떨까요?

아이 방에 들어가 슬그머니 옆에 누워봤습니다. 새벽까지 뒤척였는지 깊은 잠을 자는 듯했습니다. 머리를 쓰다듬어주면서 '잘될 거야' 하고 주문을 외웠습니다. "열심히 후회 없이 노력했으니 괜찮아. 그동안 수고했어."라고 아이의 귓가에 속삭였습니다. 우리나라 입시라는 긴 터널을 지나오면서 성장하고 아파하는 아이가 대견하면서도 안쓰러웠습니다.

고3 엄마들끼리는 '서울대는 공부를 아무리 잘하고, 가고 싶다고 해서 갈 수 있는 곳이 아니라 하늘에서 내려줘야 갈 수 있는 거야.'라고 서로 말합니다.

"그래 이미 주사위는 던져졌어. 어떤 결과라도 겸허히 받아들이자." 하며 마음을 비워보지만, 아무리 비웠다 해도 합격의 바람은 간절했습니다.

아이는 관악의 좋은 기운을 받고 싶어 서울대 앞의 카페에서 친구와 함께 합격자 발표를 기다린다고 했습니다. 초읽기 하면서 마음을 졸이며 발표의 떨림을 느끼고 싶다고 합니다. 마음 잘 맞는 친구랑 같이 있을 거라 하니 안심이 되었습니다. 발표가 나면 결과에 상관없이 알려달라고 당부하고 출근을 했습니다.

저는 수의사로 서울에서 동물병원을 운영 중으로 출근하면 바쁜 업무에 하루가 어떻게 지나는지 모릅니다. 평소 시간 확인을 잘 못하는데 오늘따라 시계를 자꾸 보게 됩니다. 제가 마음이 흔들리거나 집중이 안 될 때 루틴으로 하는 것이 있습니다.

'3분 호흡법' 즉 일종의 명상법입니다. 눈을 감고 하나, 둘, 셋, 넷 가슴과 배에 공기를 가득 채운 후 2초 멈췄다가 8초 동안 천천히 숨을 내뱉습니다. 머릿속으로 내 몸에 들어오는 공기의 흐름을 따라가다 보면 어느새 마음이 차분해지고 긴장이 풀리게 됩니다. 아무튼, 긴장된 마음을 들여다봅니다. '괜찮다 괜찮다!' 스스로 내 마음을 다독이면서 일에 집중하려고 노력했습니다.

　진료실에서 건강검진차 내원한 고양이 보호자와 상담을 하고 있는데 가운 속의 전화기가 춤을 춥니다. 6시에 발표 난다고 했는데 시계를 보니 5시입니다. '드디어 결과가 나왔구나' 생각하고, 나가서 조심스레 전화를 받았습니다.

　"엄마~ 엉엉."
　전화기 너머로 들려오는 딸의 폭풍 눈물에 잠시 그대로 기다려주었습니다.

　"우리 딸 괜찮아?"
　저는 아이가 이렇게 심하게 우는 것을 처음 보았기에 불합격 통보를 받고 실망해서 우는 줄 알았습니다.

하지만 그 울음은 합격 소식을 듣고 기뻐서 나오는 감격의 표현이었던 것입니다.

"엄마 나 붙었어! 엉엉 엄마~아! 고마워, 엉엉."

"붙었어! 고마워!!" 이 두 마디에 순간 가슴속부터 뜨거운 무언가가 목구멍으로 올라오면서 울컥했습니다. 저도 모르게 눈물샘이 툭 하고 터져버렸습니다.

"우리 딸 고생했어! 장하다 너무 대견해."

그동안 노력한 결과가 드디어 결실을 거두는 순간이었습니다. 뭐라고 말이 필요 없었습니다. 우리 둘은 한동안 전화통을 붙들고 울었습니다. 아이가 고등학교 3년 동안 치열하게 노력했던 과정을 알기에 서울대 합격의 소식은 더 기쁘고, 감사했습니다.

무엇보다 간절히 기다리고 있을 남편에게 바로 전화를 했습니다.

"여보 붙었대!"
"붙었어! 뭐? 붙었다고? 와~~~"

남편은 주위에 아무도 없었는지 어린아이처럼 함성을 지르며 맘껏 기뻐했습니다. 저도 같은 마음이었습니다. 제 마음도 남편처럼 크게 소리 지르고 웃으며 기뻐하고 싶었습니다. 그런데 이 감격스러운 순간에 눈물부터 나왔습니다. 남편의 전화기 너머로 들려오는 함성에 가슴이 후련했습니다. 기다림의 시간이 힘들었던 만큼 합격 소식은 더 기뻤습니다.

아이는 2022년 서울대학교 수의과대학에 학생부종합전형으로 합격을 했습니다. 처음부터 서울대를 목표로 입시를 준비하지는 않았습니다. 수의학과를 목표로 정하고 고등학교 1학년 때부터 내신과 학생부를 탄탄히 준비했습니다. 고1에는 뿌리와 기둥을 만들고 고2에는 가지를 치면서 고3에는 열매를 만들어 드디어 서울대라는 꽃봉오리를 터트렸습니다.

입시를 준비하면서 서울대 합격하기까지 이어진 모든 과정과 방법들, 그리고 엄마의 철학을 이 책 속에 담아냈습니다. 책 속의 이야기는 나와 아이가 함께 걸어왔던 방식으로 먼저 가본 길을 안내하는 마음으로 용기를 냈습니다.

우리 아이가 잘되고 명문대에 입학하기를 바라는 엄마의 마음은 다 똑같습니다. 나보다 더 나은 삶을 살기를 바라는 마음도 정상입니다. 엄마의 마음에는 아이를 향한 믿음과 희망이 있습니다.

우리나라 입시를 준비하고 있는 모든 엄마의 간절함이 현실이 되기를 바라는 마음에서 시작합니다.

ω

어린 시절부터 꿈이 있고, 그 꿈을 향해
목표를 설정하고 달려가는 아이와
고등학교 가서 성적에 맞게 진로를 선택하는 아이는
출발점부터 다릅니다.

이렇게 키워서 서울대 보냈습니다

2
수의사가 될래요

　아이의 어릴 때 꿈은 판사였습니다. TV에 그려지는 판사가 멋지게 보였나 봅니다. 유치원 아이 중에는 대통령이 꿈인 경우가 많은 것처럼 아이들 눈에는 높은 사람이 멋져 보이고 자기도 커서 그런 사람이 되고 싶은 것은 당연합니다.

아빠와 엄마가 수의사라서 수의사가 되고 싶다고 할 줄 알았습니다. 판사가 되고 싶다고 하니 유치하지만 내심 서운한 마음도 있었습니다. 왜 판사가 되고 싶냐고 물으니 대답도 확실합니다. 나쁜 사람들이 정당하게 처벌받고 착한 사람들이 마음 놓고 편히 잘 살 수 있는 세상을 만들고 싶다고 했습니다. 생각이 대견하다고 칭찬은 해주었지만, 꿈은 커가면서 바뀌니 별로 대수롭지 않게 생각했습니다.

그러다 꿈이 바뀌는 결정적인 계기가 있었습니다. 평소에 친분이 있는 동물병원 손님 중에 방송국 PD분이 있었는데, 어느 날 급하게 연락이 왔습니다. KBS TV 유치원 출연자가 갑자기 출연하지 못할 사정이 생겨 20분 정도의 방송 분량을 아이와 함께 촬영해 달라는 섭외요청이었습니다.

그 당시 아이들에게 TV 유치원의 인기는 높았고,

아이에게 재미있는 경험이 될 거라는 생각에 흔쾌히 수락했습니다. 주제는 '나는 미래의 수의사'로 동물병원에서 아이가 수의사처럼 가운을 입고 강아지와 고양이를 쫓아다니며 치료해주고 돌봐주는 내용이었습니다.

20분 촬영을 위해 3일 동안 동물병원과 집에서 번갈아 촬영했습니다. 똑같은 과정을 몇 번씩 촬영해도 아이는 힘든 내색 하나 하지 않고 재미있어했습니다. 고양이 두 마리, 강아지 한 마리와 함께 병원에서의 촬영이 아이에게는 신기하고 감동적인 경험이었나 봅니다. 방송에 나오는 가운을 입은 자기의 모습이 멋졌는지 그 이후로는 꿈이 수의사가 되었습니다.

동물과 함께 성장한 아이는 정서가 안정적이며 배려심과 이타심을 기를 수 있습니다. 이러한 장점을 알기에 어릴 때부터 다양한 동물을 접하게 했습니다. 꿈

벵이, 장수풍뎅이, 달팽이, 거미와 같은 곤충에서부터 시작했습니다.

저는 직업이 수의사라서 사나운 강아지나 고양이는 전혀 무섭지 않습니다. 하지만 곤충류는 끔찍하게 싫어합니다. 지금도 징그러워서 싫습니다. 이런 제가 곤충들과 어떻게 한집에서 살았는지 지금도 신기합니다. 역시 엄마는 강하다는 말이 맞는 것 같습니다. 내 아이를 위해 엄마는 징그러운 것쯤은 참아낼 수 있습니다.

아이를 키우다 보면 일 년 중에 어린이날, 생일, 크리스마스 등 챙겨야 할 기념일이 꽤 있습니다. 이럴 때 평소 좋아하는 곤충이나 금붕어와 열대어와 같은 물고기를 선물해 주면 아이가 무척 행복해합니다. 아이가 점점 크면서 자연스럽게 병아리나 오리 같은 조류도 직접 키워보게 했습니다.

초등학교 고학년부터 스스로 책임과 의무를 지킬 수 있는 나이가 되었을 때 강아지를 키우기 시작했습니다. 워킹맘이라 많은 시간을 함께할 수 없었기에 아이에게 강아지는 훌륭한 가족이었습니다. 직접 강아지 밥을 챙기고 대소변을 치워주고 산책도 하면서 책임을 다하게 했습니다.

중학교부터는 자아가 형성되면서 예민해지는 시기라서 정서적으로 교감을 할 수 있는 고양이를 키웠습니다. 아이가 공부할 때면 고양이는 늘 책가방 위에 앉아 아이가 공부하는 모습을 지켜봤습니다. 공부하다가도 막히는 내용이 있으면 고양이에게 설명해주기도 합니다. 그러면 고양이는 알아듣는 양 '야옹' 하면서 대답을 하기도 했습니다. 아이가 고양이와 교감하는 그 모습이 얼마나 사랑스러웠는지 지금도 눈에 선합니다.

아이가 잠을 잘 때는 고양이와 함께 골골거리는 소리를 들으며 잠을 잤습니다. 이렇게 동물과 함께해서인지 아이는 중고등학교 시절 사춘기 없이 잘 보낼 수 있었습니다.

자연스럽게 동물을 키우며, 동물병원에 자주 다니면서 아이는 수의사의 꿈을 명확하게 그려 나갔습니다. 대학교 원서를 준비하면서 한번은 남편이 의대를 가는 것이 어떻겠냐고 넌지시 물어본 적이 있었습니다. 말 못하는 동물을 치료하는 수의사는 힘든 직업이라고 이왕이면 의사가 되는 것이 어떻겠냐고 했습니다.

하지만 아이는 흔들리지 않았습니다. 힘들고 위험한 직업인 거 다 안다고, 어떤 전문직보다 스트레스도 많이 받는 거 다 안다고 합니다.
그런데도 아이는 말 못하는 동물의 생명을 살리는

일이 보람되고 가치 있는 일이라고, 그런 가치 있는 일을 하고 싶다고 했습니다. 이렇게 수의사에 대한 꿈은 확고했습니다.

아이의 꿈을 찾아가는 과정은 엄마가 아이의 관심을 알아보고 재능을 키우면서 함께 찾아가야 하는 일입니다. 꿈은 커가면서 자연스럽게 바뀔 수 있습니다. 어릴 때 원대했던 꿈들이 성장하면서 현실의 벽에 부딪혀 점점 줄어드는 경우가 많습니다. 아이의 꿈을 믿어주고 지지해준다면 아이는 계속 그 꿈을 키워나갈 것입니다. 엄마의 꿈이 아닌 아이가 원하는 아이의 꿈을 찾아가야 합니다.

아이의 진로를 굳이 멀리서 찾지 않아도 됩니다. 부모와의 성향이 비슷해서, 아빠와 엄마의 직업적 영향을 받기도 합니다. 그래서 아이와 소통하면서 다양한 경험을 통해 아이가 좋아하는 일을 찾고 잘 할 수 있는 환경을 만들어 주는 것이 중요합니다.

초등학교 시절 키자니아나 직업체험관을 자주 방문해서 다양한 경험을 해보았습니다. 아이는 체험관에 가면 온종일 시간 가는 줄도 모르고 하나라도 더 체험하고 싶어 뛰어다녔습니다. 그때는 소방관체험관이 인기가 높았는데 요즘에는 다양한 직업군이 생기면서 여러 가지 체험을 할 수 있습니다. 진로는 아이의 성향을 파악하고 아이의 관심사를 찾아주면서 다양한 경험을 통해 엄마와 아이가 함께 찾아가는 과정입니다. 우연한 기회를 통해 재능을 발견하고 꿈이 생길 수 있으니 조급하게 생각할 필요 없습니다.

엄마의 역할은 아이를 성공적으로 이끌기 위해 내가 정한 목표로 아이가 따라와 주기를 강요하는 것이 아닙니다. 아이가 스스로 말로 표현하기 어려운 타고난 기질이 무엇인지, 그리고 무엇을 할 때 눈이 반짝거리는지 아이 관점에서 얘기를 들어주고 관찰하고 파악하는 것이 필요합니다.

어린 시절부터 꿈이 있고, 그 꿈을 향해 목표를 설정하고 달려가는 아이와 고등학교 가서 성적에 맞게 진로를 선택하는 아이는 출발점부터 다릅니다.

꿈을 찾아가는 과정을 통해 아이가 스스로 재능을 발견하고 행복해하는 영역을 찾아서 목표 지점을 설정하면 됩니다. 엄마는 적절하고 긍정적인 피드백을 통해 아이가 꿈을 키워나갈 수 있게 격려하고 지지해주세요. 엄마의 지지와 격려를 받으며 꿈을 향해 달려가는 아이는 행복한 한 사람으로 성장할 수 있을 것입니다.

ω

학생부는 한가지 방향성을 갖게 내용을 설계하면서
강렬한 무언가가 있는 것이 훨씬 더 유리합니다.
예를 들면, 1학년에서 3학년까지 성장 이야기가
있어야 하는데, 그 과정이 자기 주도적인 것이 좋습니다.
적극성과 열정이 담겨있어야 하고,
공부만 잘하는 학생보다는 다른 것도 잘하는 학생이
합격확률이 높습니다.

3
서울대 합격의 비밀

★ 아이를 위해 일산으로 이사 가다

워킹맘으로 서울에서 아이를 낳아 기르면서 아이가 어릴 때 누렸던 편리한 도시 생활이 아이가 크면서 점점 삭막하게 느껴졌습니다. 아이가 초등학교 2학년 때 서울에서 일산으로 이사를 결정했습니다.

숨 막히는 서울에서 아이의 어린 시절을 보내게 하고 싶지 않았습니다. 아이를 자연과 가까운 환경에서, 유해시설이 없는 안전한 환경에서 키우고 싶었습니다. 아이에게 좋은 환경을 주고 싶은 부모의 바람이었습니다.

어릴 때부터 주위 환경에 떠밀려 학원에 다니면서 공부에 찌들게 하기 싫었습니다. 자연의 소중함을 알고 몸으로 많은 체험을 하며 안정된 정서를 키워주고 싶었습니다. 나보다 더 나은 삶을 누리기를 바라는 마음에서였습니다.

일산은 아무런 연고가 없었지만 잘 지어진 아파트에 자연적인 주위환경과 안전함에 끌려 두 번 가보고 이사를 결정했습니다. 저희 부부는 의견이 맞고 이거다 싶으면 주저하지 않고 실행합니다. 약간 즉흥적으로 보일 수도 있지만 그래서 삶이 더 재미있는 것 같습니다.

주위의 엄마들은 아이 교육환경을 위해 강남으로 목동으로 이사 갈 때 아이의 정서 환경을 위해 일산으로 이사 가는 저는 이상한 엄마였습니다. 서울에서 알짜인 아파트를 팔아서 일산으로 이사한다고 친하게 지내는 엄마들조차 이해할 수 없다고 저를 말렸습니다.

저는 아이가 정서적으로 풍요로울 수 있도록 자연과 문화를 가까이하면서 안전하게 뛰어놀 수 있기를 원했습니다. 7년 동안 하루 3시간씩 서울로 출퇴근을 하는 수고를 감수하면서 내린 가치 있는 선택이었습니다.

초2에서 중2까지 7년을 일산에서 보냈습니다. 믿었던 대로 바랐던 대로 아이는 정서적으로 안정되게 자랐습니다. 아파트 단지 내 초등학교와 중학교가 있었으며, 주제별로 놀이터와 공원이 잘 조성되어 있어 아이에게 좋은 환경이었습니다. 비싼 아파트라고 생각하실 수 있지만, 아닙니다. 눈높이만 조금 낮춘다면 서울과 비교해 가격도 훨씬 저렴하고 넓고 아이 키우기 좋은 환경이 많습니다.

놀이터에서 신나게 놀았고, 도서관에서 책과 함께 뒹굴었습니다. 방과 후 배드민턴이나 수영, 태권도 등 다양한 운동을 하면서 체력을 다졌습니다.

피아노와 바이올린을 배우며 음악 활동을 즐겼습니다. 영화, 연극 등 문화생활을 즐기면서 사고의 폭을 넓혀갔습니다.

퇴근하고 집에 오면 저녁을 먹자마자 아이와 함께 공원으로 나가 배드민턴을 쳤고, 자전거를 타다가 이야기하면서 산책을 했습니다. 이 시기의 이런 활동들은 고등학교 비교과 활동에서 긍정적인 효과로 나타

났습니다. 또한, 공부에 집중해야 할 고등학교 때 지치지 않고 스스로 공부할 수 있는 기초가 되었습니다.

★ 아이를 위해 다시 서울로 이사 오다

아이가 중학교 2학년 여름방학 때 고등학교 입학을 준비하기 위해 다시 서울로 이사를 했습니다. 고등학교의 내신성적에 따라 대학 입시의 성공 여부가 달라지기 때문에 아이에게 고등학교의 선택은 중요한 사항이었습니다.

서울에서는 자율형 사립고, 특목고, 일반고 중에서도 여고와 남녀공학 등 선택사항이 다양했습니다. 그리고 고등학교 시기에는 아이가 공부하면서 학교생활에 집중하는 시기라 엄마의 관심이 필요했습니다. 서울로 전학을 하면서 예민한 시기에 잘 적응할 수 있을

까 걱정은 했지만 그래도 흔들리지 않는 믿음이 있었습니다.

서울에서 일산으로 이사 갈 때도 일산에서 서울로 이사 갈 때도 가족이 함께 결정했습니다. 친구가 좋은 시기라 친구들과 헤어진다는 생각에 아이도 처음에는 고민했지만, 동의했습니다. 어린 시절부터 아이의 의견을 묻고 생각을 함께 공유하고 양보하면서 제일 좋은 선택을 하는 데 익숙해진 결과였습니다.

서울로 이사 갈 때도 강남이나 목동보다는 동물병원 가까운 곳에 집을 구하다 보니 주변의 교육환경이 그리 좋지 않았습니다. 일 년만 지나면 고등학교로 진학한다고 생각하고 집에서 가장 가까운 중학교로 전학을 했습니다.

전학하고 처음 한 달은 아이에게 더 많은 관심을 가

졌습니다. 긴장하고 있는 것 같아 걱정했었는데 같은 반 아이들이 생각보다 순수하고 착하다고 했습니다. 전학생이 많이 없는 시기라 다들 잘해 주려고 해서 오히려 부담스러워했습니다. 저녁마다 아이의 이야기를 들으며 '잘 적응하고 있구나!' 안심되었습니다.

전학 간 중학교에는 체육 시간에 수영 수업이 있었습니다. 중학생 아이들은 대부분 수영 수업을 너무나 싫어합니다. 짧은 시간에 수영복으로 갈아입고 수영하고 옷 갈아입고 시간에 쫓기면서 급하게 해야 하니 싫어하는 마음도 이해가 됩니다. 반 아이들이 끔찍이 싫어했던 수영 시간이 우리 아이에게는 기회였습니다. 접영까지 능숙한 수영 실력을 여지없이 보여주자 선생님의 칭찬과 같은 반 친구들의 부러움이 쏟아졌습니다.

각반 대항 피구 시합 전에서도, 달리기 시합에서도,

배드민턴 수업에서도 아이는 탄탄한 운동 실력을 보여주었습니다. 아이는 선생님과 친구들 사이에서 서서히 인정을 받으며, 학교생활에 재미를 찾기 시작했습니다.

저는 아이들이 성장할 때 다양한 운동을 배우고 익혀야 한다고 생각합니다. 운동을 통해 성장기에 끓어넘치는 에너지를 밖으로 표출해야 공부도 열정적으로 집중할 수 있습니다.

평소 공부에 대한 기초가 탄탄했고, 시험 범위가 학습했던 내용이라 전학 온 후 첫 시험에서 아이는 전교 3등을 했습니다. 일산의 학교에서는 성적순으로 등수를 매기지 않았기 때문에 생전 처음 받아본 등수에 아이는 놀라면서도 뿌듯하게 생각했습니다. 학교 선생님들도 인정해주고 관심을 가지니, 더 잘하고 싶은 마음이 생기면서 자신감도 생겼습니다. 중학교 시험성적으로 아이가 자기효능감을 더욱 높이는 계기가 되었습니다.

★ 고등학교 선택하기

고등학교는 자율형 사립고를 막연히 생각하고 있었는데 중3이 되니 현실적인 고민이 생겼습니다. 아무리 집과 가까운 자사고라도 통학 거리가 40분 이상 걸렸습니다. 수시전형으로 대학 진학을 결정했기에 무엇보다도 내신 점수가 중요한데, 공부를 잘하는 아이들만 모인 곳이라 내신 점수를 따기도 쉽지 않을 듯했습니다.

고등학교에 대한 자료를 찾아보고 입시 설명회도 참가했습니다. 어느 고등학교에 가느냐에 따라 아이의 입시 준비가 달라지기 때문에 신중하게 선택해야 했습니다.

전국의 고등학교에 대한 정보를 알려주는 인터넷 사이트인 학교알리미(www.schoolinfo.go.kr)에서 자료를 꼼꼼히 분석했습니다. 학교 선생님, 학원 선생님, 선배 엄마들에게 조언을 구하면서, 각 학교의 장단점을 확인했는데 결정이 어려웠습니다.

중요도에 따라 우선순위를 비교하면서, 각 학교의 교육과정, 시험의 난이도, 대학 진학률, 통학 거리, 학생 수 등을 꼼꼼히 따져보고 결정했습니다.

고등학교 3년을 보내려면 체력이 중요하니 일단은 통학 거리가 가깝고 내신 챙기기가 좀 더 수월할 거 같은 학교를 우선순위로 1지망, 2지망, 3지망까지 작성했습니다. 1지망은 남녀공학 일반계 고등학교인데, 인근에서 엄마들 사이에서 인기가 많았습니다. 아이와 함께 지원한 학교들을 미리 가보면서 제발 1지망에서 당첨되기만을 바랐습니다.

그 간절했던 바람이 하늘에 닿아서인지 운이 좋게
도 아이는 1지망에 당첨이 되었고, 그해 고등학교 경
쟁률이 11대 1이었다는 소식을 듣고 깜짝 놀랐습니다.
대학 입시를 위한 첫 단추가 이제 막 채워졌다는 생각
이 들었습니다.

★ 중3 겨울방학을 어떻게 보내느냐에 따라 대학의 기준이 달라진다

아이가 고등학교 생활을 잘하기 위해서는 중3 겨울
방학이 중요한 시기입니다. 미리 준비하면 더 좋겠지
만 공부의 기초가 탄탄하게 잡혀 있다면 12월부터 2
월까지 3개월의 시간으로 충분하며, 이 시기를 어떻게
보내느냐에 따라 아이의 고등학교 성적이 결정됩니다.

중요한 시기인 만큼 종합학원의 겨울 학교 12주 과

정을 등록해서 집중적으로 공부했습니다. 고등학교 1학년 1학기 과정과 수학 선행학습을 주로 하면서 거의 15시간 이상을 학원에서 보냈습니다. 아이는 살면서 공부를 이렇게 빡빡하게 해본 적이 없었다고 합니다. 이제는 공부를 집중적으로 해야 할 시기라는 것을 아이도 알고 있었습니다.

학원에서 만난 친구 중에는 공부를 잘하는 상위권 아이들이 많아서 자극을 받을 수 있어 의욕이 생긴다고 했습니다. 힘들지만 힘든 내색하지 않고 최선을 다하는 아이를 보면서 공부를 대하는 긍정적인 마음가짐이 이렇게 중요하다는 사실을 새삼 느꼈습니다.

고등학교 공부를 시작도 하기 전에 주위에는 공부에 지쳐버린 아이들도 있었습니다. 아이는 그런 친구들을 보면서 엄마가 공부하라고 잔소리 안 하고 강요하지 않아서 감사하다고 했습니다. 공부를 많이 시키지 않아서 감사하다는 소리를 들을 줄은 몰랐습니다.

아이는 빡빡한 과정을 따라가기 힘들었지만 '하면 된다. 할 수 있다.'라는 믿음을 가지고, 열심히 공부해서 12주 과정을 수료했습니다. 이 시간은 아이에게 고등학교 시작의 밑거름이 되었습니다.

★ 고등학교 생활

고등학교 1학년 1학기 중간고사 성적으로 대학 입학의 라인이 결정됩니다. 내신 점수가 대학 결정의 중요한 기준이 되기 때문에 첫 시험이 너무나 중요했습니다. 아이도 이러한 사실을 잘 알기 때문에 누구보다도 열심히 중간고사를 준비했습니다.

간절히 바라면서 긍정적인 마음으로 노력한 덕분인

지 아이는 고등학교 1학년 1학기 중간고사에서 1.08의 점수를 받고, 전교 1등을 했습니다. 스스로 노력해서 성취한 결과에 기뻐하면서도 자만하지 않고 묵묵히 할 일을 해나갔습니다. 아이가 부담감을 느낄 수 있어 말은 하지 않았지만, 엄마인 저는 이때부터 서울대에 대한 로드맵을 머릿속으로 그려보고 있었습니다.

고등학교 내신은 3년 동안 꾸준히 흔들리지 않고 가는 마라톤입니다. 한번 성적을 잘 받아서 될 문제 도 아니고 3학년까지 꾸준히 1점대의 등급을 유지해 야 합니다. 한 번의 실수로 영영 돌아올 수 없는 강을 건널 수도 있고, 내신 점수뿐 아니라 비교과 활동이나 학교생활기록부를 전공과 연관성 있게 완성하는 것도 필요합니다.

아이는 학교생활을 적극적으로 해나갔습니다. 외향 적인 성격은 아니지만 스스로 필요성에 의해서 학교생활을 주도해 나갔습니다. 학교생활기록부에 학기마다 대회 수상 경력을 한 개씩만 기록할 수 있지만, 아이는 제한을 두지 않고 기회가 되면 학교에서 주최하는 대회는 참가하려고 노력했습니다. 다양한 대회를 준비하는 과정을 통해 자신만의 강점을 파악하고 자신감을 얻을 수 있기 때문입니다.

학교 내신과 비교과 활동을 위한 다양한 대회 참가 및 동아리, 봉사 등 어느 부분 하나 빠트리지 않기 위해 노력했습니다.

고등학교 2학년 겨울방학 때 학교 생활기록부를 가지고 대학 입시 컨설팅 업체를 찾았습니다. 지금까지 준비해 온 생활기록부를 객관적인 기준에서 검증받고 앞으로 어떤 활동들로 채워 넣어야 하고 수정 보완해야 할 부분은 없는지 도움받고 정보를 얻기 위해서입니다.

총 세 군데 업체를 선정해서 컨설팅을 받았습니다. 처음에는 입시전문가로 의대와 수의대를 전문적으로 입시 컨설팅하시는 분에게 상담했고, 두 번째는 사설 전문업체, 세 번째는 대형입시학원에서 컨설팅을 받았습니다. 각각 나름의 장점이 있었는데 그래도 빅데이터를 기반으로 한 대형입시학원에서의 컨설팅이 제일 신뢰가 갔습니다.

3학년 시작하기 전에 지원할 학교를 미리 결정짓고 본격적으로 준비했습니다. 서울대 수의과대학 지원을 앞두고 지역 균형 전형과 일반전형을 비교해서 학교장 추천 전형인 지역 균형 선발 전형으로 선택했습니다.

3학년 1학기까지의 내신을 합해서 수시 원서를 쓰기 때문에 마지막까지 좋은 결과를 만들기 위해 한순간도 게을리할 수가 없었습니다.

★ 서울대를 위한 본격적인 준비

고등학교 3학년을 시작하면서 서울대 지원을 목표로 하고 준비하는 과정에서 고민이 생겼습니다. 서울대 입시에서는 선택과목의 과학 탐구 중 II 과목을 반드시 응시해야 하는 기준이 있습니다. II 과목은 난이도가 높아 점수를 획득하기가 어려워 대부분 선택을 꺼리는 편이었습니다. 아이는 생물II 과목을 선택했는데 혼자 공부하기 힘들다고 했습니다.

"엄마, 이거 봐봐. 풀 수 있겠어?"
"와 완전 대학교에서 배우는 전공 수준이네."

수의학을 전공한 제가 봐도 수준이 높아 어려운 내용이 많았습니다. 과학II 과목들은 응시인원도 작고 잘하는 재수생들이 많아 점수 따기가 힘듭니다. 수시 지원에서 수능 최저기준을 맞출 때 생물II로 점수를 까먹으면 안 되니 아이에게는 부담이 더 크게 다가왔습니다.

아이와 상의해서 학원보다는 과외 선생님의 도움을 받아 단기간에 집중적으로 생물Ⅱ를 공부할 계획을 잡았습니다. 전문적인 강사들을 소개해주는 숨고(soomgo.com)라는 앱을 통해 과외선생님을 찾았습니다. 몇 분의 선생님과 상담한 후 연세대학교 의과대학 본과 4학년에 재학 중인 선생님을 만나게 되었습니다.

선생님은 과외 경험이 많았고 학생들을 가르치면서 실질적인 성과를 냈고, 무엇보다 만나 보니 예의가 바르고 실력이 있어 믿음이 갔습니다. 두 달 안에 생물Ⅱ를 한번 훑기로 하고 일주일에 2회 2~3시간씩 수업을 받았습니다. 아이는 함께 공부하면서 생물Ⅱ에 대한 자신감이 생겼고, 2등급까지 끌어올릴 수 있었습니다.

생물Ⅱ과목을 끝내고도 선생님과 계속 인연을 이어가면서 전반적인 입시 준비를 위한 도움을 받았습니다. 선생님은 아이에게 학습 멘토로서 좋은 역할을 해주었고, 자소서를 준비할 때도 아이만의 특성을 잘 끌어낼 수 있도록 조언해주었습니다.

★ 서울대 합격 전략

서울대 수시모집은 모두 학생부종합전형으로 진행됩니다. 세 가지 전형에는 우선 정원 내 전형으로 학교장추천을 받은 학생들이 지원하는 지역균형선발전형이 있습니다. 다음으로 고등학교 이상의 학력을 지닌 학생이라면 누구나 지원할 수 있는 일반전형이 있습니다. 그리고, 정원 외 전형으로 저소득 가구와 농어촌 학생들이 지원하는 기회균형선발특별전형Ⅰ이 있습니다.

입시에 대한 세부 지식이 없을 때는 전형을 접하고 어떤 전략을 선택해야 아이에게 가장 유리할지 고민했습니다. 여러 가지 정보를 알아보고 상담도 하면서 아이와 상의해서 지역균형선발전형으로 입시전략을 세웠습니다.

일반고에서 서울대에 합격하기 위해서는 학교장추천을 받아 지역균형선발전형으로 지원하는 것이 유리합니다. 일반적으로 교과성적 1등과 2등 두 명을 추천하는 고등학교가 많습니다. 일반고마다 약간의 차이가 있어 서울대 추천기준을 미리 알아보고 전략적으로 준비하면 됩니다.

대학에서는 아이의 학업능력을 바탕으로 학습 과정과 잠재력을 평가하기 때문에 잘 구성된 학교생활기록부가 필수조건입니다. 현재의 입시에서는 학생부종합전형이 대학에 입학할 수 있는 가장 넓은 문으로 학교

생활기록부를 관리하는 것은 정말 힘든 일이지만 꼭 해야 하는 일입니다. 학생부는 하루아침에 만들어지는 것이 아니라 고등학교 1학년부터 3학년까지 아이의 고등학교 생활이 고스란히 담겨 있는 노력의 결정체입니다.

학생부는 한가지 방향성을 갖게 내용을 설계하면서 강렬한 무언가가 있는 것이 훨씬 더 유리합니다. 예를 들면, 1학년에서 3학년까지 성장 이야기가 있어야 하는데, 그 과정이 자기 주도적인 것이 좋습니다. 적극성과 열정이 담겨있어야 하고, 공부만 잘하는 학생보다는 다른 것도 잘하는 학생이 합격확률이 높습니다.

학생부와 자기소개서를 바탕으로 면접을 준비할 때는 아이의 꾸며진 모습이 아니라 있는 그대로를 보여주는 것이 중요합니다. 면접은 짧은 시간 내 급하게 소화한 지식과 생각이 아니라 고등학교 3년 동안 꾸준히 쌓아온 실력을 보여주는 시간입니다. 학원에서 면접프로그램을 이용하는 것도 좋지만 학교에서 진행하는 모의 면접프로그램을 바탕으로 본인의 생각을 진실하게 말할 수 있도록 준비합니다.

일반고에서는 서울대 합격을 위해서는 학교장추천을 받을 수 있는 안정적인 내신성적과 잘 구성된 생활기록부, 그리고 면접의 삼박자가 준비되어야 합니다.

2023년부터는 정시모집에서도 교과 평가가 반영된다고 하니 고등학교 생활을 소홀히 하면서 입시에서 좋은 결과를 기대하기는 쉽지 않습니다.

자세한 입시정보는 서울대학교 입학본부(https://admission.snu.ac.kr)와 아로리(http://snuarori.snu.ac.kr)를 참고하셔서 내 아이에게 맞는 입시전략으로 준비하시길 바랍니다.

도움 되는 사이트

학교알리미

전국의 고등학교에 대한 정보를 알려주는 인터넷 사이트

www.schoolinfo.go.kr

숨고

전문적인 강사들을 소개해주는 어플

soomgo.com

서울대학교 입학본부 & 웹진 아로리

자세한 입시정보 - https://admission.snu.ac.kr

아로리 - http://snuarori.snu.ac.kr

ω

결국, 공부는 아이 스스로 해내는 것입니다.
공부하면서 지칠 때도 있고 힘든 순간도 있습니다.
이럴 때마다 동기를 유발하고 공부 분위기도
적절히 바꿔주고 환경도 바꿔줄 수 있는 엄마의 세심한
배려가 함께한다면 금상첨화겠지요. 아이가 본인의
문제점을 깨닫고 스스로 자기 주도적 학습을 한다면
충분히 좋은 결과가 있을 겁니다.

4
성공적인 입시를 위한 필수조건

★ 4당5락? 7당5락!

고등학교 3년을 지치지 않고 꾸준히 잘 지내려면 체력과 컨디션 관리가 중요합니다. 아이는 다양한 운동을 해서 기초 체력은 좋았지만, 유독 잠이 많은 편이었습니다.

4당5락이라는 말을 들어 보셨을 겁니다. 대학 입시를 준비할 때 4시간 자고 공부하면 합격하고 5시간 자면 떨어진다고 합니다. 잠자는 시간을 줄이고 공부하는 시간을 최대한 늘려야 성적이 오른다는 말인데 아이에게는 하나도 맞지 않는 말이었습니다.

아이는 평소에도 잠이 많아서 하루에 7시간은 자야 했습니다. 체질이 그렇다 보니 잠을 줄이기보다는 오히려 충분히 자고 집중도를 높이는 방법을 선택했습니다. 다행히 학교가 집과 십 분 거리라 아침에 조금이라도 더 잘 수 있도록 차로 등교를 시켜주었습니다.

"여보세요? 어머님 아이가 수업해야 하는데 학원에 안 왔어요. 전화도 안 받고요. 혹시 무슨 일이 있나요?

아이가 고등학교 입학하고 얼마 되지 않아 학원 선생님의 전화를 받고 가슴이 철렁했습니다. 이런 일이 없었는데 생각하며 하던 일을 멈추고 집으로 달려갔습니다. 문 앞에 가방과 교복 재킷을 그대로 벗어놓고 소파에서 세상 모르게 잠을 자는 아이를 발견하고 마음이 놓였습니다. 어제 과제 때문에 평소보다 늦게 잠을 자서 수면시간이 부족했나 봅니다.

'잠이 부족했구나!' 전화 소리도 엄마가 들어오는 소리도 못 듣고 잠에 빠져있었습니다. 그 모습이 너무 짠했습니다.

잠이 부족한 경우에는 하교 후 한 시간 정도 낮잠으로 보충했고, 주말에 밀린 잠을 자기도 했습니다. 가끔 잠에서 못 깨어 학원 수업이 늦는 때도 있었지만, 뭐라고 탓하지 않았습니다. 잘 일어날 수 있도록 도와주고 늦지 않게 세심하게 관심을 가졌습니다. 엄마는 아이의 상황을 이해하고 아이가 최선의 결과를 나타내도록 도와줘야 합니다.

아이에 따라 최적의 수면시간이 달라서 무턱대고 잠을 줄이기보다 아이의 체질에 맞게 적당한 수면시간으로 집중도를 높이는 것이 좋습니다. 잠이 부족하면 의욕도 떨어지고 계산 실수라든지 문제 읽기 실수 등 단순 실수가 생기기 때문에 시험 기간에는 특히 충분히 자야 합니다.

시험 전날 새벽 늦게까지 공부도 해봤지만 효과적이지 않아서 10시쯤이면 취침하고 아침에 일찍 일어나 출제 범위를 한번 훑는 방법으로 능률을 높였습니다. 내신에서는 점수 차이가 치열해서 1점으로도 등급이 바뀔 수 있어서 단순 실수를 줄이는 것이 최고의 전략입니다.

잘 거 다 자고 언제 공부하나 하겠지만 아이에게 충분한 수면은 이미 과학적으로 증명되었습니다. 미국 MIT(매사추세츠 공과대학교) 연구진이 공대 소속 학생

100명을 대상으로 수면 습관과 학업 성취도 간의 연관 관계를 연구한 결과가 이를 보여줍니다.

평소 충분히 자면서 성실하게 강의를 수강한 학생들의 성적이 우수했습니다. 또한, 규칙적인 잠을 자는 학생들이 들쭉날쭉하게 자는 학생들에 비해 성적이 좋았습니다. 여학생들이 남학생들보다 전반적으로 규칙적인 수면을 하여 성적이 좋았습니다.

너무 늦은 시간에 자는 학생은 대체로 성적이 낮은 결과를 보입니다. 늦잠으로 충분히 자더라도 마찬가지 결과였습니다. 취침 시간이 오후 10시에서 새벽 1시인 학생들의 성적은 대부분 비슷했습니다. 그러나 오전 2시 이후에 잠드는 학생들은 7시간을 자도 성적이 낮은 경향을 보였습니다.

이렇게 아이들에게 충분한 수면은 과학적으로 검증

되었습니다. 무리하게 잠을 줄이며 아이를 힘들게 하지 말고 아이의 체질에 맞게 체력과 컨디션을 관리해주는 것이 엄마의 역할입니다.

★ **결국은 자기주도 학습이다**

고등학교 입학해서 3월 한 달 동안 입시학원에 다니던 아이는 내신 준비를 시작하면서 4월부터는 학원을 그만 다니고 싶다고 했습니다. 무슨 이유가 있겠지 생각하고 물어보니, 스스로 공부할 시간이 절대적으로 부족하고 학원에서 각 수업당 나오는 과제가 너무 많다고 했습니다. 학원 공부 때문에 정작 해야 할 시험 공부를 할 시간이 없다는 것입니다. 주객이 전도된 상황이 된 겁니다.

학원에서는 평소 모의고사 위주로 수능 공부를 하

면서 시험 2주 전부터 학교별 내신 준비를 했습니다. 수능을 준비하면서 집중적으로 공부할 수 있고 모르는 것을 바로바로 물어 볼 수 있어 도움이 되었다고 했습니다.

하지만 학원 수업 중에는 진도가 안 맞는 경우도 종종 있고 때로는 시간 낭비처럼 느껴질 때도 있었다고 합니다. 무엇보다도 밤 12시 새벽 1시까지 학원에 있는 시간이 많아 수면 부족으로 다음날 학교 수업에 지장이 있을 때가 많았습니다.

무턱대고 다니던 학원을 그만두겠다고 생각하지 않았을 테니 대안이 있느냐고 아이의 생각을 물었습니다. 필요한 과목은 인터넷 강의로 듣고 학교 공부를 위주로 독서실에서 공부하고 싶다고 했습니다. 학기 중에는 학교 내신에 충실하고 방학 기간을 통해 수능을 준비하는 전략을 짰습니다.

학원을 그만 다니고 혼자서 공부하겠다고 하니 아이보다는 오히려 엄마가 불안한 마음이 들었지만, 아이의 결정을 존중해주고 믿었습니다.

아이를 도와주기 위해서 인터넷 강의와 주위의 독서실을 알아보았습니다. 인터넷 강의는 시간상으로 다 들을 수 없어도 필요한 것만 찾아서 비교 분석해서 들을 수 있도록 메가스터디와 이투스 수능 인터넷 강의 전 과목 패스를 끊어주었습니다.

독서실은 사설보다는 가맹점을 위주로 다니면서 남녀가 분리된 안전하고 쾌적한 시설을 찾았습니다. 요즘의 독서실이나 스터디카페의 시설을 보고 '라떼는 말이야'가 안 나올 수가 없었습니다. 30년 전 우리가 생각하는 독서실과는 비교도 안 될 정도로 시설이 좋았습니다.

'참 공부하기 좋은 시절이다'라고 생각하며, 집 근처에서 있는 보안이 좋은 '어섬팩토리'라는 독서실로 일 년을 등록했습니다.

아이가 독서실에 입·퇴실할 때 보호자의 핸드폰으로 안내 문자가 와서 안심되었습니다. 아이는 엉덩이가 무거운 스타일이라 한자리 앉으면 몇 시간씩 집중하는 형이라 독서실에서 누구의 방해도 받지 않고 공부할 수 있어서 만족했습니다.

수행평가를 준비하거나 다른 활동이 있으면 독서실을 안 가는 날도 있었는데, 가든 안 가든 전혀 간섭하지 않았습니다. 아이 스스로 계획에 맞춰 공부하리라 믿어주었고 항상 관심을 가지고 물어보고 잘되고 있는지 확인해주었습니다. 필요한 것이 있으면 언제나 이야기해 줬고 도와주기 위해 최선을 다했습니다.

공부 시간이 확보되고 아이 스스로 진도에 맞게 계획을 세워 하루 학습량을 차곡차곡 쌓아갔습니다. 이러한 자기 주도적 학습이 내신에서 좋은 성적으로 나타났습니다.

아이들의 공부 스타일에 따라 학원에 다녀야 하는 아이도 있고 혼자 공부하는 아이도 있어서 엄마와 아이는 늘 최고의 방법이 무엇인지 공유하고 찾아 나가는 것이 필요합니다.

학원을 다니지 않고 자기주도학습을 하고 있었기에 중간점검이 필요했습니다. 고등학교 2학년 방학기간을 이용해서 기숙학원을 보냈는데, 운 좋게도 반 배치 입학 고사에서 일등을 했습니다.

전국에서 모인 아이들과 함께 공부하면서 눈에 보이지 않는 긴장감으로 다시 한번 마음가짐을 바로 잡을 수 있었다고 했습니다. 처음에는 아이들끼리 잘 모르는 상태라 학습 분위기도 좋고 서로 눈치 보면서 견제하는 분위기였다고 합니다. 그런데, 아이들이 기숙하니까 또래라 공감대가 형성되면서 금방 친해졌고 분위기가 아주 자유로워졌다고 했습니다.

기숙학원은 핸드폰도 사용할 수 없고 오직 소통의 창구는 담임선생님하고만 진행되어 아이의 상황이 궁금했습니다. 그러다 선생님께 연락받고 아이를 데리러 갔습니다. 아이 스스로 필요한 것이 무엇인지 깨달았다고 했습니다. 아이는 입소 2주 만에 학원에 양해를 구하고 퇴소했습니다. 비록 2주간의 기간이었지만 아이에게는 값진 경험이 된 듯했습니다.

왜 공부를 해야 하는지 지금까지 준비했던 과정들을 생각해보고 부족한 부분이 어떤 점이 있는지 스스로 파악할 좋은 기회였다고 했습니다. 학교 친구들만 보다가 전국의 다양한 곳에서 공부하기 위해 몰려든 친구들을 보면서 입시학원 선생님의 입시에 대한 현실의 독한 말씀을 들으면서 아이는 내면으로 또 한 뼘 성장한 듯 보였습니다.

결국, 공부는 아이 스스로 해내는 것입니다. 공부하면서 지칠 때도 있고 힘든 순간도 있습니다. 이럴 때마다 동기를 유발하고 공부 분위기도 적절히 바꿔주고 환경도 바꿔줄 수 있는 엄마의 세심한 배려가 함께한다면 금상첨화겠지요. 아이가 본인의 문제점을 깨닫고 스스로 자기 주도적 학습을 한다면 충분히 좋은 결과가 있을 겁니다.

컨디션 관리

아이의 체질에 맞게 적당한 수면시간으로
집중도를 높이는 것이 좋다

자기주도 학습

무조건 학원이 답이 아니다
공부 계획은 스스로 하게 하자
우선 아이의 의견을 존중하자

ω

입시를 준비하는 과정에서 엄마들은
아이의 건강을 챙기면서 정작 자신의 건강에는
소홀할 수가 있습니다. 엄마가 건강해야
가족도 돌볼 수 있고 아이도 챙길 수 있습니다.
아이 건강을 챙기는 것도 중요하지만
엄마의 건강이 우선입니다.

이렇게 키워서 서울대 보냈습니다

5
챙겨주지 못해 미안해

아이에게 엄마의 도움이 한참 필요한 시기인 고2 때, 건강하다고 믿었던 저의 건강에 문제가 생겼습니다. 가족력이 있어 매년 내시경검사하고 건강검진을 받았는데 바쁘다는 핑계로 3년 정도 검진을 미루었습니다. 선뜻 내키지는 않았지만 더는 미루면 안 되겠다 싶어 건강검진을 받는데 위암이 발견된 것입니다.

저는 전날부터 내시경검사 때문에 밤새 장을 비워 낸다고 잠을 설쳐서인지 다소 지친 상태로, 아침에 아이를 등교시키고 검진센터로 향했습니다. 검진은 항목마다 순조롭게 진행되었고, 마지막 초음파검사에서 선생님이 고개를 갸웃거리는 것을 봤습니다.

"뭔가 이상한가요?" 저는 꺼림직한 기분에 물었습니다.

"경계가 명확하지 않아서요. 내시경 검사상 괜찮으니 내년에 다시 확인해보세요. 괜찮은 거 같아요."

그때 뭔가가 제 머릿속을 강하게 치는 느낌이 들었습니다. 본능적으로 이상하다 싶어 선생님께 복부 CT를 추가로 검사해달라고 했습니다. 제 직업이 수의사라 검사상 명확하지 않은 부분을 찝찝하게 남겨 놓고 싶지 않았습니다.

검진센터에서는 검진 후 바로 결과가 나오지 않고 일주일 후에 결과를 보내준다고 했습니다. 저는 CT 검사 결과만 듣고 싶어 두 시간 정도를 기다렸습니다. 의사 선생님 하시는 말씀이 복부에 4cm 정도의 종괴가 있다고 했습니다. 그런데 발생 부위가 위인지 췌장인지 정확히 모르겠다는 것입니다.

그때 제 귀에 췌장이라는 단어가 쿡 하고 박혔습니다. 위 종양이면 그래도 수술하면 되지만 '설마 췌장이라고? 그럴 리가, 그럴 순 없다.'라고 생각하면서 삼성의료원에서 정밀검사를 진행했습니다.

저의 정확한 병명은 기스트(GIST/Gastrointestinal stromal tumor)라고 하는 희소 암으로 위점막이 아닌 근육층의 세포 변이가 생겨 발생하는 위장관 지질 종양이었습니다. 기스트는 일반적 검진으로는 확진이 어렵고 증상조차 심하지 않아 조기에 발견하기가 힘듦니다. 발견 시기를 놓치거나 방치 시 전신으로 전이도 쉽게 되는 터라 위험성은 더욱더 크다고 했습니다.

의사 선생님께서 바로 수술 날짜를 잡자고 했는데 머릿속이 복잡해졌어요. 무엇보다 입시 준비 중인 고2 아이가 걱정이었습니다. 중요한 시기에 엄마의 부재가 아이에게 어떻게 다가올지 생각해본 적이 있나요? 매일 아침 차로 등교시켜주고 아침밥을 챙겨주고 저녁마다 이야기를 나누며 함께하는 루틴이 깨어져 생활적인 면에서나 정신적인 면에서 흐트러지지나 않을지 걱정스러웠습니다.

아이 방학 때 시기를 봐서 수술해야지 했는데 남편이 버럭 화를 냈습니다. 당신이 없으면 아무것도 없다고 하면서 다 무슨 소용이 있냐고 당장 수술 날짜를 잡아달라고 했습니다. 그렇게 진단받고 일주일 후에 수술하기로 했습니다.

마음이 착잡했습니다. 나에게 왜 이런 일이 생긴 걸까? 서럽기도 하고 두렵기도 했습니다. 엄마인 내가 무너지면 아무것도 없다고 생각하고 마음을 단단히 하였습니다.

병원 입원 전 준비를 하는데 이것저것 챙겨도 챙길 것들이 왜 이리 많은지 무엇보다 큰 걱정이 잠이 많은 딸의 아침 등교 문제였습니다. 하지만 저의 걱정은 기우에 불과했습니다.

아이는 너무나 천연덕스럽게 "나 엄마랑 병원에 같이 있을 건데, 내가 엄마 곁에서 있어야지 엄마가 안정되잖아." 하는 것이었습니다. 때마침 시험 기간이라 수업은 없고 시험만 치면 되니 병원에서 함께 지내겠다는 것이었습니다. 아빠는 출근해야 하니 아이가 수술하는 엄마 곁을 지키겠다고 했습니다.

시험 기간이면 더 중요할 때라 집에 있으라고 했는

데, 아이 스스로 알아서 하겠으니 수술 잘 받고 건강에만 신경 쓰라고 했습니다. 예상하지도 못한 아이의 반응이 고맙고 대견스러웠습니다.

'그래 다 키웠구나! 고맙고 미안해.'

그렇게 두 시간에 걸쳐 수술했고 수술 후 마취에서 깬 저는 정신이 혼미했습니다. 수술 부위 통증도 밀려오고 몸이 덜덜 떨리듯이 추웠습니다. 목도 따갑고 입도 바짝바짝 말랐습니다. 의식과 무의식의 경계를 왔다 갔다 하면서도 저의 곁을 의젓하게 지키고 있는 아이의 눈빛을 보면서 위안을 얻었습니다.

배가 아파 움직이지 못하는 제 곁에서 아이는 물도 떠주고 손 마사지도 해주고 얼굴도 닦아주면서 저를 간호해 주었습니다. 역할이 바뀐 것 같다며 우리는 유치하게 '히히' '헤헤' 했습니다. 아이는 옆에서 책을 펴

놓고 공부하면서도 간간이 고개를 들어 저를 쳐다보았습니다. 눈빛이 마주치면 피식하고 웃었습니다.

아이는 학교에서 시험을 보고 바로 병원으로 달려와 책가방을 풀어놓고 시험문제가 어떻다고 예상 문제가 안 나왔다고 사소한 이야기까지 엄마에게 다 풀어냈습니다. 맞장구를 치면서 함께하는 대화는 항상 즐거웠고, 우리는 이 시간을 즐겼습니다.

종양 수술은 성공적으로 잘 이루어졌고 다행히 조직 검사상 악성도도 없고 전이 소견도 없이 완치할 수 있었습니다. 아이를 잘 챙겨주지도 못해 미안했습니다. 힘든 상황에서도 다 길은 있습니다. 오히려 아이는 엄마의 수술로 인해 가족의 소중함을 절실히 느끼며 더 열심히 공부해야겠다는 생각이 들었다고 합니다. 아무리 힘든 상황에서도 그 순간에 충실하면서 긍정적인 자세로 대하다 보면 언제나 길은 열립니다.

입시를 준비하는 과정에서 엄마들은 아이의 건강을 챙기면서 정작 자신의 건강에는 소홀할 수가 있습니다. 엄마가 건강해야 가족도 돌볼 수 있고 아이도 챙길 수 있습니다. 아이 건강을 챙기는 것도 중요하지만 엄마의 건강이 우선입니다.

Chapter 2

서울대 보낸 엄마의 특별한 7가지 조언

1. 아이와 함께하는 삶을 즐기자
2. 나는 어떤 엄마인가?
3. 인성은 내 아이의 평생을 좌우한다
4. 스스로 하게 하자
5. 가족이 함께 대화하자
6. 세상에 나쁜 경험은 없다
7. 아이의 공부 습관을 잡아라

ω

아이라는 존재는 감동 그 자체였습니다.
수많은 별 중에 나를 찾아와 준
소중한 인연에 감사하면서
아이와 함께 행복하자고 다짐했습니다.
아이가 웃으면 함께 웃었고,
아이가 울면 함께 울었습니다.
아이는 나를 엄마라는 이름으로 철들게 했고
진짜 어른이 되게 했습니다.

이렇게 키워서 서울대 보냈습니다

1
아이와 함께하는 삶을 즐기자

우리 부부는 결혼하고 바로 아이를 갖지 않았습니다. 당시 농림부 공무원이었던 저는 서울로 발령받아 근무하던 중이라 적응하기 바빴습니다. 신혼살림을 빠듯하게 시작해서 경제적으로 넉넉하지 못한 상황이라 아이는 준비된 상태에서 좀 더 나은 환경에서 키우고 싶었습니다.

우리는 결혼해서 3년쯤 신혼생활을 즐기면서 목돈

도 좀 모아서 내 집 마련을 한 후 아이를 갖자고 계획했습니다. 그런데 결혼 후 1년쯤 지나니 시부모님께서 아이를 기다리셨습니다. '왜 아이를 갖지 않느냐.'라고 직접적으로 말씀은 안 하셨지만, 은근히 압박을 받았습니다. 주위에서 아이를 언제 가질 거냐 왜 안 가지냐 등의 질문을 자꾸 받는 것이 스트레스로 느껴졌습니다.

"우리 그냥 아이 가질까?"

맞벌이 부부라 아이를 가지게 되면 제가 휴직을 해야 하고, 시댁이나 친정도 지방에 있어서 육아의 도움을 받을 수 없는 상황이었습니다. 완벽하게 준비된 상황이면 좋겠지만 길이 있겠지 하는 생각에 우리는 결혼 2년 차에 아이를 가지기로 준비했습니다.

내 아이를 갖기 전에는 사실 아이들을 별로 좋아하지 않았습니다. 그런데, 엄마가 되고 난 후 세상을 보는 시각이 달라졌습니다. 나 하나도 제대로 건사하기 힘든데 이제는 한 생명을 책임져야 한다고 생각하니 정신이 번쩍 들면서 더 잘 살아야겠다는 생각이 들었습니다.

'관심을 가지고 보기 시작하면 비로소 눈에 들어온다.'라고 임신을 하고 난 후 아이들에게 관심이 생기기 시작했습니다.

임신 기간에 체중이 20kg이나 늘어서 발이 붓고 밤에 잠을 못 자고 힘들어도, 내 아이에 대한 설렘으로 참아낼 수 있었습니다. 그렇게 좋아하는 커피도 마시지 않고, 아이를 위해 좋은 것만 먹고 예쁜 것만 보려고 했고, 생전 느껴보지 못한 모성이 본능적으로 생기기 시작했습니다.

아이라는 존재는 감동 그 자체였습니다. 수많은 별 중에 나를 찾아와준 소중한 인연에 감사하면서 아이와 함께 행복하자고 다짐했습니다. 아이가 웃으면 함께 웃었고, 아이가 울면 함께 울었습니다. 아이는 나를 엄마라는 이름으로 철들게 했고 진짜 어른이 되게 했습니다.

저는 아이를 인생의 동반자로 생각하면서 아이와 함께하는 삶을 즐겼습니다. 아이의 눈을 들여다보고 아이가 무엇을 말하는지 무엇을 원하는지 아이의 눈 높이에서 생각하려고 노력해서인지 아이와 함께하는 모든 것이 즐거웠습니다.

워킹맘으로 아이와 늘 함께 있어 주지 못해 미안한 마음이 있어 조금이라도 시간이 나면 아이와 재미있는 일을 찾아 함께했습니다. 밖으로 나가 놀이터에서 뒹굴었고 장난치면서 놀기도 했으며, 집안일도 아이와 함께하는 놀이로 생각하고 공유했습니다.

매일 퇴근 시간이 기다려졌고 직장에서 힘들었던 하루가 아이로 인해 치유되고 회복할 수 있었습니다. 힘들다는 생각보다는 아이와의 시간이 행복했습니다.

지금 돌이켜 생각해보면 아이로 인해 내 삶이 풍요 롭고 깊어져 갔으며, 아이와 함께했던 추억들이 저의 내면에 고스란히 남아있습니다. 아이들은 자라면서 부모에게 효도를 다 한다고 합니다. 아이에 관한 일은 행복이고 즐거움 그 자체입니다.

요즘은 아이 키우기 정말 힘든 세상입니다. 살림살이도 빠듯하고 코로나19로 인해 출산율이 점점 떨어지면서 지난해 출산율은 0.81명으로 역대 최저치입니다.
완벽하게 준비된 상태에서 아이를 낳으면 좋겠지만, 쉽지 않습니다. 아이를 가지게 되면 엄마가 포기해야 할 부분도 많고 힘든 부분도 많기 때문입니다. 하지만 이 어려움은 아이에게 받는 기쁨으로 충분히 가치 있는 일입니다.

아이와 함께하는 삶은 이 세상의 무엇과도 바꿀 수 없는 소중한 재산입니다. 아이로 인해 인생에서 느껴보지 못한 감동과 재미를 가지게 됩니다. 아이를 바라보고 아이와 함께하는 삶을 즐기면서 아이와의 행복한 여행을 꼭 떠나보시기를 권해드립니다.

ω

처음부터 완벽한 엄마는 없습니다.
내가 아이를 어떻게 대하는지
객관적인 눈으로 볼 수 있어야 하며
부족한 점은 개선하고, 아이와 함께
대화하면서 보완해 나가면 됩니다.
엄마도 아이와 함께 성장해야 합니다.

2
나는 어떤 엄마인가?

아이를 갖게 되면 우리는, 엄마는 이렇게 해야 한다고 누구에게 배운 적도 없이 자연스럽게 엄마가 됩니다. 나의 엄마가 해오셨던 방법을 통해 좋았던 부분이나 개선해야 할 부분을 생각하면서 내 아이를 정말 잘 키워보고 싶은 마음을 가지게 됩니다.

엄마라면 누구나 육아에 관한 책을 한두 권씩은 사 보셨을 겁니다. 시중에 나와 있는 많은 정보와 가르침을 내 아이에게 어떻게 적용할 것인지 고심하면서 말이죠. 엄마의 양육 태도에 따라 아이는 다르게 자라기 때문에, 엄마도 엄마가 되기 위한 공부가 필요합니다.

미국의 유명한 아동 발달 전문가인 다이애나 바움린드(DianaBaumrind)는 자녀의 성격과 사회성 발달에 영향을 미치는 부모의 양육방식을 애정과 통제라는 기준에 따라 4개의 유형으로 나누어 설명하고 있습니다.

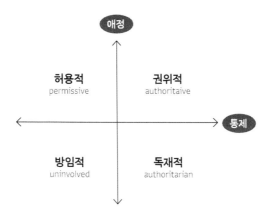

첫째, '독재적 양육방식'입니다.

독재형 양육방식은 부모가 무조건 자녀에게 복종을 강요합니다.

"넌 아직 어려서 아무것도 모르니까 엄마가 시키는 대로 하면 돼."

엄격하고 절대적인 기준에 따라 아이를 통제하고 아이가 무엇을 어떻게 해야 하는지 일일이 알려줍니다. 아이에게 높은 기대를 하며 아이가 맹목적으로 순종하기를 바라면서 말이죠.

의외로 이런 독재적인 양육방식은 우리 주위에서 종종 볼 수 있습니다. 아이와 대화가 불가능해서 아이는 점점 위축되고 반항적으로 되기 쉬워요. 낮은 자존감과 부족한 사회성으로 아이는 부모의 그늘에서 벗어나지 못하고 독립적으로 자랄 수 없습니다. 이런 방식은 정서적으로 미성숙하고 불안정한 부모들이 많이 보이는 양육방식입니다.

 둘째, '허용적 양육방식'입니다. 허용적 양육방식은 부모가 자녀에 대한 통제가 거의 없습니다.

"네가 원하는 것은 뭐든지 괜찮아. 하고 싶은 대로 해."

가정에서의 규칙이나 규율이 없고 자녀가 요구하는 것은 거의 수용하는 편이에요. 아이가 하고 싶은 대로 두는 따뜻하고 관대한 부모지만 일정한 규칙이 없어서 아이는 자기중심적인 이기적인 어른으로 자랄 수밖에 없어요. 대체로 미숙하고 사회적 책임감이 낮은 모습을 보이기도 합니다. 부모의 일관성 없는 태도로 인해 자녀는 규율을 무시하고 제멋대로 행동하는 아이로 자라나게 됩니다.

셋째, '**방임형 양육방식**'입니다.

방임형 양육방식은 부모가 자녀에 대한 아무 규칙도 없이 무관심합니다.

부모는 먹고살기도 바쁜데 아이의 사생활까지 일일이 알 필요를 못 느낍니다. 아이에게 스스로 알아서 밥을 챙겨 먹으라 하고 아이의 일에 관여하지 않기 때문에 아이는 목표나 동기가 없고 쉽게 좌절하며 자기통제가 부족한 아이로 자라게 됩니다. 저는 개인적으로 방임형 양육방식이 제일 나쁘다고 생각해요. 한창 사랑을 받고 자라야 할 아이들에게 무관심은 너무 가혹한 것 같습니다.

넷째, '**권위 있는 양육방식**'입니다.

권위 있는 양육방식은 부모가 합리적이고 객관적인 방법으로 자녀의 자율성을 어느 정도 인정하면서 적당한 통제가 이루어집니다. 자녀의 의견과 인격을 존중해주고 수용해줌으로써 부모와 자녀 간의 신뢰감이 형성되고 안정적인 관계가 유지됩니다.

부모는 아이에게 다정다감하지만, 훈육에서는 일관성이 있으며 아이들이 자신의 행동에 책임을 갖게 합니다. 이런 부모 밑에서 자란 자녀들은 사회적 책임감과 자존감이 강하며 독립적이고 자율적인 사람으로 성장하게 됩니다. 가장 이상적인 양육방식이라 할 수 있습니다.

과연 나는 어떤 양육방식으로 아이를 키우고 있을까요?

처음부터 완벽한 엄마는 없습니다. 내가 아이를 어떻게 대하는지 객관적인 눈으로 볼 수 있어야 하며 부족한 점은 개선하고, 아이와 함께 대화하면서 보완해

나가면 됩니다. 엄마도 아이와 함께 성장해야 합니다.

엄마의 양육 태도는 노력에 따라 얼마든지 변화할 수 있습니다. 아이에게 엄마는 이 세상의 전부이며 인생의 방향을 알려주는 나침판입니다. 처음부터 완벽한 엄마로 출발할 수 없지만, 아이와 함께하는 노력과 조율을 통해 완성도를 높일 수 있습니다.

ω

수학 100점도 좋지만,
꾸준히 성공하기 위해서는
공부 이전에 인성이 먼저입니다.

이렇게 키워서 서울대 보냈습니다

3
인성은 내 아이의 평생을 좌우한다

　우리는 사회라는 울타리에서 매일같이 사람들과 인간관계를 맺고 어울려 살아가고 있습니다. 좋은 대학을 나오고 돈이 많은 사람이라도 인성에 실망하는 때도 있고, 별로 눈에 띄는 사람이 아니었는데 인성에 감탄하는 때도 있습니다. 그 사람의 인성은 사람에게서 뿜어져 나오는 향기처럼 자연스럽게 드러나게 됩니다.

그럼 이처럼 중요한 인성이란 도대체 무엇일까요?

인성이란 사람의 성품 즉, 그 사람의 생각과 태도 및 행동 특성을 말합니다. 인간 본연의 성질이고, 사람다움에 대한 가치로 사회성과 도덕성을 모두 포함합니다. 인성은 단순하게 착하게 산다는 것을 넘어서 아이의 신체 건강과 정신건강에 깊은 영향을 주어 삶의 질을 결정하는 요인이 되기도 합니다. 그래서 인성 교육은 내 아이의 평생을 좌우합니다.

연예인, 정치인뿐 아니라 일반인들까지 인성 문제가 논란이 되어 쌓아왔던 인기와 명예를 하루아침에 잃어버리는 경우를 종종 볼 수 있습니다.

얼마 전에도 인기 있는 배우가 학창 시절 친구를 괴롭힌 사실이 SNS를 통해 알려지면서 활동을 접어야 하는 일도 있었고, 잘 나가던 운동선수의 인성 문제가 드러나 믿었던 사람들의 분노로 한국에서 선수 활동을 접어야 하는 일도 있었습니다.

저는 아이의 인성교육이 공부보다 더 우선이며, 엄마로서 아이를 기르면서 가장 정성을 들여야 하는 부분이라고 생각했습니다. 아무리 머리가 좋고 공부를 잘한다 해도 바른 인성이 형성되어 있지 못하면 어디서도 환영받지 못하는 사람이 됩니다.

하루는 아이들에게 영어를 가르치고 있는 선생님인 친구에게 요즘 아이들의 인성 문제로 통화한 적이 있습니다.

"수업 시간에 한 아이가 다 아는 내용이라고 그룹 활동도 거부하고 학원 교재를 풀고 있는 거야. 그 아이로 인해 수업 분위기가 나빠져서 곤란했거든. 수업 시간에 이런 개인적인 행동이 결국은 인성 문제야. 인성이 좋은 아이들은 이미 배운 내용이라도 귀 기울여 듣고 바른 태도로 수업에 참여하고 친구들에게 알려주기도 해. 인성 좋은 아이들 엄마를 보면 왜 그런지 이유를 알겠어. 엄마가 예의 바르고 인사를 잘하시거든."

"우리 어릴 때는 인성은 기본이었는데 요즘은 엄마들이 공부 공부하다 보니 아이 인성은 뒷전인듯해. 인성이 안된 아이들은 공부해서 성적이 좀 나오더라도 오래 못 가는 경우가 많아. 입시에 성공하는 아이들을 보면 결국은 인성이 바탕이 되더라."

친구와 대화를 나누며 많은 부분이 공감되었습니다. 인성 바른 아이는 남을 존중하고 배려하면서 예의도 바릅니다. 누굴 만나든 어떤 상황에서도 인사하는 습관이 형성되어 어른들과 친구들에게 상황에 맞는 인사도 잘합니다.

아이는 말귀를 제대로 알아듣기도 전부터 '안녕'이

란 인사를 웃으면서 곧잘 따라 했어요. 18개월쯤부터는 "인사해야지." 하면 "안녕하세요오~" 하며 두 손 공손히 모아 머리를 허리까지 숙이며 인사합니다. 칭찬 때문에 반사적으로 나오는 이 모습이 어찌나 사랑스러운지 지금도 그때를 생각하면 입가에 미소가 지어집니다.

어릴 때부터 인사를 잘하는 아이는 동네 어르신들에게 인기가 많았습니다. 항상 어른을 공경하고 인사하는 습관을 중요시해서인지 학교에서도 선생님께 예의 바르게 행동하고, 친구들에게도 먼저 손을 내미는 아이가 되었습니다. 인사는 상대방에 대한 예의 표현이며 상대와 관계를 맺는 출발점입니다.

인성은 어느 한순간에 형성되는 것이 아니라, 부모의 가르침과 환경, 다양한 경험 등이 함께 작용하게 되어 서서히 형성됩니다.

정신분석학자 에릭슨은 '인간의 심리·사회적 발달 이론'을 8단계로 나누면서 12세가 되는 4단계까지가 인간의 인성 형성에 중요하다는 것을 통찰력 있게 설명하고 있습니다.

아동기에 해당하게 되는 4단계의 발달단계를 살펴보면 1단계는 출생 직후부터 한 살까지의 시기로 기본적인 믿음과 불신이 형성됩니다. 엄마의 보살핌을 통해 아이는 자신의 환경에 안정감을 느끼며 신뢰감을 형성하게 됩니다.

2단계는 3세까지의 시기로 자율성과 수치심이 형성됩니다. 아이는 자신이 혼자서 가능한 행동을 하면서 자율성이 발달하게 되고, 아이가 행동으로 원하는 것을 얻을 수 없는 상황이나 실패하게 되는 경우 수치심과 좌절로 이어지게 됩니다.

3단계는 5세까지의 시기로 주도성과 죄책감이 형성됩니다. 아이들은 놀이하면서 맞는 역할을 찾고 최선을 다하면서 주도권을 가지게 됩니다. 아이들은 특별한 사람으로 대접받기를 원하지만 마음대로 되지 않는다면 죄책감을 느끼거나 불안해합니다.

4단계는 12세까지의 시기로 근면성과 열등감이 형성됩니다. 지적인 호기심과 성취의 요소를 중요하게 생각하는 시기로 결과를 통해 인정받으려 하고 그 과정을 통하여 근면성이 발달하게 됩니다. 하지만, 이러한 아동의 노력과 결과물에 대하여 인정하지 않고 비판하게 되는 경우 아동은 열등감으로 이어지게 됩니다.

12세까지 심리·사회적으로 안정적인 발달단계를 거친다면 우리 아이는 근면성, 주도성, 자율성, 건강한 신뢰감이 균형적인 좋은 인성을 갖게 됩니다.

아이가 스스로 생각하고 바르게 행동하는 자세를

길러주면서 사회의 구성원으로 서로 배려하고 존중하며 살아갈 수 있게 도와주는 모든 교육이 인성교육입니다.

어릴 때 형성된 인성은 평생 유지되는 것이 아니라 이후의 경험이나 부모의 가르침, 주위 환경 등에 의해 변화될 수 있습니다. 엄마가 먼저 작은 배려와 존중하는 말투와 같이 일상생활에서 쉽게 할 수 있는 것부터 모범을 보이면 훨씬 더 좋은 인성을 만들어 줄 수 있습니다. 수학 100점도 좋지만, 꾸준히 성공하기 위해서는 공부 이전에 인성이 먼저입니다.

【 정신분석학자 에릭슨의
'인간의 심리·사회적 발달 이론' 중 12세가 되는 4단계 】

단계	시기	심리적 발달	사회적 발달
1	출생 직후 ~2세	믿음, 불신	부모의 보살핌에 안정감을 느끼며 신뢰감을 형성
2	~3세	자율성, 수치심	스스로 행동하며 자율성이 발달하고 실패하는 경우 수치심과 좌절을 겪음
3	~5세	주도성, 죄책감	역할 놀이를 하며 주도권을 갖음. 특별대우를 원하며 원치 않는 일에 불안해 함
4	~12세	근면성, 열등감	지적 호기심과 성취를 중요시함. 결과를 통해 인정받으면 근면성이 발달하며 인정받지 못할 시 자기 비판과 열등감으로 이어짐

ω

"자녀에게 고기를 잡아주면 한 끼밖에 못 먹지만
고기 잡는 방법을 가르쳐 주면 평생을 먹고살 수 있다."

이렇게 키워서 서울대 보냈습니다

4
스스로 하게 하자

저의 어머니는 모든 것을 강요하지 않으시고 제가 스스로 선택하도록 기회를 주시고 제 뜻을 믿고 격려해 주셨습니다. 제가 한 결정에 후회한 적도 있었지만, 결과에 대해 누굴 원망하거나 탓하지 않고 제가 감수하고 배우면서 성장해갔습니다. 지금 돌이켜 생각해보면 저의 결정을 존중해주시고 제 뜻대로 하게 해주시고 늘 옆에서 지켜보면서 바른길로 이끌어주신 부모님께 감사합니다.

부모님의 가르침 덕분인지 자신의 삶을 독립적이고, 주체적으로 살아갈 수 있도록 도와주는 게 아이를 위하는 길이라고 생각했습니다.

아이가 생후 8개월쯤 혼자서 안정적으로 앉을 수 있는 시기부터 아기 의자에 앉아 이유식을 스스로 먹게 했습니다. 숟가락을 제대로 쓰지 못해 입까지 가져가는 음식은 절반도 안 되었고, 그마저도 얼굴 여기저기 묻히면서 좌절하는 눈빛으로 엄마를 쳐다보곤 했습니다. 마음 같아서는 얼른 음식을 떠서 먹여주고 싶었지만 참고 기다렸습니다. 아이를 바라보며 칭찬하며 응원하며 지켜봐 주었습니다. 턱받이를 하고 있어도 아이 옷과 얼굴은 음식으로 엉망이 되었고, 지켜보는 것이 안타깝고 걱정스러웠지만, 꾹 참고 기다려주었습니다.

아이가 배가 고플 때는 빨리 먹고 싶은데 마음대로 되지 않아 우는 경우도 종종 있었습니다. 숟가락이 입으로 들어가는 작은 성공과 실패를 경험하면서 아이는 엄마가 지켜보는 앞에서 스스로 먹는 시간을 게임처럼 즐기기 시작했습니다. 먹지 않고 투정을 부리거나 장난을 치는 날에는 음식을 억지로 먹이지 않고 치웠습니다. 아이가 먹는 도중에는 얼굴에 묻어있는 음식을 닦아주지 않았고, 기다려주면서 숟가락을 입으로 가져갈 때마다 '우와~~~!' 감탄하며 응원했습니다. 나중에는 얼굴에 묻어있는 밥알까지 떼서 먹기도 했습니다.

이렇게 적응된 아이는 밥도 스스로 잘 먹고, 안 먹겠다고 밥투정을 해본 적이 없었어요. 혼자서 밥을 먹을 수 있을 때까지의 기다림은 아이에게도 엄마에게도 힘든 시간이었지만, 기다림 이상의 효과가 있었습니다.

아침에 아이랑 엘리베이터를 탔는데, 5학년쯤 되어 보이는 아이에게 엄마가 밥을 떠 먹여주고 있는 모습을 보았습니다. 아이는 우리를 보고 부끄러웠는지 괜히 엄마한테 안 먹겠다고 투정을 부리더라고요. 우리 아이가 "엄마 왜 스스로 밥을 안 먹어요?" 하고 물어보는데 민망했던 기억이 납니다. 엄마라면 누구나 우리 아이에게 아침을 든든하게 먹이고 싶은 마음이겠지만, 엘리베이터까지 따라오면서 밥을 떠먹이는 그 엄마의 모습은 저도 아이도 이해할 수 없는 행동이었습니다.

워킹맘이라 항상 시간이 아쉬웠고 집안일에 많은 부분을 할애할 수 없었습니다. 다 잘할 수는 없으니 가장 중요한 것부터 우선순위를 정해서 하자고 마음먹고 집안일은 마음을 좀 내려놓았습니다. 매일매일 해도 표가 안 나지만 하루만 안 해도 쉽게 표가 나는 것이 집안일입니다. 엄마 혼자서 다 감당할 수 없었기에 우리 가족은 역할 분담을 했습니다. 그래도 엄마가 해야 하는 부분이 절대적으로 많았지만, 해야 할 일들을 공유하면서 집안일로 스트레스를 받지 않고, 남는 시간은 가족과 함께 보낼 수 있었습니다.

제가 식사 준비를 하면 아이는 밥상을 차리고, 남편은 설거지로 뒷정리를 했습니다. 아이에게 장난감 정리, 책 정리, 자기 방 정리 등 스스로 하게 했습니다. 아이가 정리한 것이 다소 미흡하고, 마음에 들지 않더라도 혼자 한 것에 대해 '잘했다'라고, '고맙다'라고 칭찬하고 격려했습니다. 주말에는 대청소하면서 가족 모두가 집안일을 즐거운 과정으로 생각하게 되었습니다.

예체능을 배울 때나 학원에 다닐 때도 아이에게 스스로 선택하게 했습니다. 먼저 권유해주고 대화하면서 좋은 점을 알려주고 직접 체험해보고 선택하게 했습니다. 엄마의 관점에서 좋다는 것은 가능하면 다 해주고 싶었지만, 아이가 해야 하는 것이라 강요하지 않고 선택하게 했습니다.

아이가 한번 선택하면 꾸준히 할 수 있도록 격려하고 관심을 가지고 기다려주었습니다. 아이가 직접 선택한 것이라 조금 힘들고 어렵더라도 중간에 포기하지 않고 자신의 행동에 책임을 지려고 하는 모습을 칭찬해주었습니다.

아이는 점차 스스로 하는 습관이 생기면서 삶의 주도권을 잡고 자존감도 길러졌습니다. 엄마는 아이를 대신해서 뭐든 다 해주고 싶은 마음입니다. 하지만 아이와 늘 함께 있을 수는 없습니다. 우리 아이들이 스스로 할 수 있는 힘을 키워주는 것이 아이들을 진정 더 사랑하는 길입니다.

우리는 고등학생이 되어서도 엄마로부터 독립이 안

되어 "엄마, 나 다음에 뭐 해야 해요?" 하며 삶의 방향을 묻는 아이들을 종종 보게 됩니다. 아이 스스로 독립해서 자신의 삶을 살아가기 위해서는 좀 부족하더라도 참고 기다려주는 것은 어떨까요?

"자녀에게 고기를 잡아주면 한 끼밖에 못 먹지만 고기 잡는 방법을 가르쳐 주면 평생을 먹고살 수 있다."라는 이스라엘 탈무드의 속담이 있습니다.

아이들에게 잡은 물고기를 주듯 기존 지식을 그대로 전해주기보다, 물고기를 잡는 방법과 지식을 창조할 수 있는 지혜를 알려줘야 합니다.

진정 아이를 위한 길은 세상을 주도적으로 살아갈 수 있는 자생력을 길러주는 것입니다.

ω

아이 또한 어떠한 상황에서도
엄마가 나를 믿어준다는 믿음이 있을 때
어려운 부분까지 공유하면서 이야기할 수 있고
힘들어도 이겨낼 힘이 생깁니다.
아이는 엄마에게 늘 지지받고 싶고
엄마만큼은 자신을 항상 이해해 줄 거라고 믿거든요.

———————————————————————

이렇게 키워서 서울대 보냈습니다

5
가족이 함께 대화하자

잠시 눈을 감고 우리 집 식사 시간의 모습을 한번 떠올려보세요. 여러분 가정의 저녁 식사 시간의 분위기가 어떤가요? 가족이 함께 맛있는 음식을 먹으며 즐겁게 대화하고 있는 모습이 보이시나요?

우리 가족은 아무리 바빠도 저녁 식사를 함께하려

고 노력했고, 주말이면 가족이 같이 식사하면서 재미있었던 일, 힘들었던 일, 그날의 이슈 등 서로의 생각을 공유하면서 대화하고 소통했습니다. 저는 이런 일상이 아이의 정서적 유대감 형성에 많은 도움이 되었다고 생각합니다.

우리 부부는 "오늘 일하면서 이런 일이 있었어."하고 그날 있었던 일을 먼저 말합니다. 동물병원을 하면서 오늘은 어떤 동물들이 아파서 왔고 치료하면서 힘들었던 일과 보람된 일 등을 이야기하면서 부모의 모습을 솔직하게 드러냅니다.

요즘 집중하고 있는 일이 무엇인지 앞으로의 계획이 무엇인지 아이와 공유하면서 "네 생각은 어떠니?" "왜 그렇게 생각하니?" 하고 아이에게 생각을 물어보면 신나서 이야기를 풀어냅니다.

대화의 주제가 자연스럽게 아이에게로 이어지고 요즘 관심사가 무엇인지, 공부는 어떻게 하고 있는지, 학교에서 있었던 일이나 친구와의 관계에서 있었던 일 등 사소한 일까지 이야기하게 됩니다.

아이와 대화를 할 때는 잊지 말아야 할 것이 있습니다. 엄마의 관점에서 선불리 먼저 판단하거나 비난하지 말고 관심과 애정을 가지고 잘 들어주는 것입니다. 식사 시간은 편하고, 대화는 즐거워야 하잖아요? 가족 모두가 무슨 이야기든지 부담 없이 다 할 수 있어야 합니다.

아이는 대화할 때 엄마의 반응을 보고 이야기를 계속할지 그만할지 결정합니다. 아이의 감정을 그대로 느껴보고 '네 기분을 알 것 같아.'라는 눈빛과 몸짓으로 아이에게 충분히 공감하고 있음을 보여주면 됩니다.

들어주기 이전에 핀잔을 주거나 평가하게 되면 아

이는 입을 닫아버립니다. 엄마는 아이가 무슨 말을 하더라도 다 수용할 수 있는 흔들리지 않는 믿음과 신뢰감을 가져야 합니다.

아이 또한 어떠한 상황에서도 엄마가 나를 믿어준다는 믿음이 있을 때 어려운 부분까지 공유하면서 이야기할 수 있고 힘들어도 이겨낼 힘이 생깁니다. 아이는 엄마에게 늘 지지받고 싶고 엄마만큼은 자신을 항상 이해해 줄 거라고 믿거든요.

저희 아이는 어린 시절부터 학교에서 있었던 사소한 일까지 엄마에게 이야기를 해줘서 아이의 학교생활을 잘 알 수 있었습니다. 가끔 같은 반 엄마들이 학교에서 아이들의 생활이 궁금해서 연락이 오는 일도 있었습니다. 그러면 아이들의 눈높이에서 바라보는 관점에 따라 이야기가 달라질 수 있으니 가능한 한 개인적인 의견은 붙이지 않고 사실만을 전달해줬던 기억이 납니다.

엄마들은 "우리 아이는 집에서 도통 이야기를 안 해요."하고 하소연을 하면서 아이가 이야기를 잘하는 비결이 뭐냐고 물어봅니다. 저 또한 엄마로서 부족한 점이 많지만 먼저 들어주고 잘잘못을 따지거나 비난하지 말고 그냥 기다려주자고 말씀드리곤 합니다. 대화의 기본은 경청이고, 잘 들어만 줘도 이미 소통은 시작됩니다.

한번은 아이가 친한 친구와 요즘 관계가 소원해졌는데 둘 사이를 시기 질투해서 이간질한 친구 때문이라고 말한 적이 있었습니다. 엄마가 걱정할까 봐 상황이 어느 정도 종료된 시점에서 이야기한 것에 내심 서운했지만, 지금이라도 엄마에게 이야기해줘서 고맙다고 했습니다.

그런 다음 이야기를 좀 더 상세하게 들어보고 아이의 감정을 물어봤습니다. 처음에는 이간질한 친구가 너무 미웠고 아이를 믿지 못한 친한 친구에게 섭섭하고 실망스러운 마음이 들었다고 했습니다. 하지만, 함께 친해지고 싶어서 그런 행동을 했고, 잘못된 행동이지만 지금은 이해하고 괜찮아졌다고 스스로 답을 찾아가고 있었습니다.

엄마도 그 상황에서는 같은 감정이 들었을 거라고, 어린 시절에 비슷한 일이 있었다고 말해주면서 아이의 솔직한 감정을 공감해주었습니다. 상처 입고 부정적인 감정을 느끼는 것은 자연스러운 현상이라고 인정해주니 다음부터는 더 솔직하게 감정을 표현해주었습니다.

아이가 도움을 받기 위해 말을 꺼냈다면 지나치게 빨리 조언하거나 해결책을 제시하지 않아도 됩니다.

함께 공감하면서 문제해결을 위한 방법을 찾도록 격려해 주는 것으로도 충분합니다. 대화로 소통하면서 믿고 기다려주니 결국은 아이가 생각하고 고민하면서 스스로 방법을 찾아갑니다.

입시에 좋은 성과를 거두고 이후의 삶도 행복하게 사는 사람들의 공통점을 찾아보면 부모와 자녀가 온전히 소통하고 있다는 것입니다. 대화와 소통은 가족 간에서 먼저 이루어져야 하고, 가족 간에 소통이 잘되어야 우리 아이들이 사회에 나가서도 소통을 잘하는 사람으로 자랍니다.

ω

세상에 나쁜 경험은 없습니다.
걱정하지 말고 아이가 직접 부딪쳐보고
스스로 느낄 수 있도록
다양한 경험을 하게 해주세요.

──────────────────────────────────

6
세상에 나쁜 경험은 없다

아이들은 경험을 통해 세상과 부딪치고, 넘어지고 일어서기를 반복하면서 성장합니다. 저는 엄마로서 아이가 가능한 많은 것을 경험하게 해주고 싶었고, 아이는 경험을 통해 스스로 느끼고 생각하면서 커나간다고 믿었습니다. 그래서 아이에게 해가 되지 않는 선에서 가능한 한 모든 것을 스스로 경험하게 했습니다.

음악이나 운동, 미술 등 다양한 것을 배우게 했고, 일 년에 두 번 이상은 가족여행을 다녔습니다. 다양한 책을 접하면서, 영화와 연극, 강연 등 문화생활을 함께했습니다. 기회가 되면 무조건 가보고 직접 해보게 했고, 직간접적인 경험을 통해 아이가 스스로 느끼도록 기다려주었습니다.

많은 엄마가 음악이나 운동이 아이들에게 중요한 활동이라고 생각하고 배우게 합니다. 저 또한 아이에게 태권도, 수영, 배드민턴 등의 운동과 피아노, 바이올린 등을 배우게 하면서 아이가 얻는 즐거움보다 배우면서 느끼는 교훈을 중요하게 생각했습니다.

악기를 다루거나 운동을 하면서 실력이 그냥 이루어지는 것이 아니라 연습한 결과에 따라 만들어지는 것을 경험하게 했습니다.

배우면서 금방 한계가 드러나고 뭔가 뜻대로 되지 않는 것을 경험합니다. 연습을 통해 아이의 노력으로 한 단계 발전하는 성취감을 느끼면서 아이들은 자신의 진정한 재능이 무엇인지 알아갑니다. 그 재능을 발전시키기 위해 노력하는 것이 얼마나 중요한지도 알게 됩니다.

아이가 6살 때 집 앞 공원에서 두발자전거 연습을 하는데 넘어지기를 계속 반복하다가 결국은 무릎에 상처가 생겼습니다. 제가 자전거를 뒤에서 균형 맞춰 잡아줘도 힘이 너무 들어갔는지 자꾸만 넘어졌습니다. 상처 부위에 밴드를 발라주고 오늘은 그만하고 집에 가자는데 아이는 못내 아쉬운 것처럼 보였습니다.

그때 우리가 자전거 연습하는 모습을 계속 지켜보던 어르신께서 다가오시더니 아이를 도와주시겠다고 했습니다. 그런데 10분도 안 되어 아이가 스스로 자전거를 타고 있는 겁니다.

어르신께서는 "내가 넘어지지 않게 뒤에서 잘 잡고 있으니 걱정하지 말고 페달을 돌려" "잘한다 그래그래 그렇게 하면 돼." 하시는데 정작 자전거에서 손을 떼고 계셨습니다. 당연히 잡아주는 줄 알고 탔는데 혼자 타고 있었던 겁니다. 아이는 스스로 자전거를 탈 수 있다는 것에 기뻐했고, 할 수 있다는 자신감이 생겨서인지 그 후로 자전거 타는 것을 즐기게 되었습니다.

힘들다고 포기했더라면 무릎의 상처를 보면서 무서워서 자전거를 타지 않았을 거라고 했습니다. 도와주신 어르신께 감사하면서, 누군가의 작은 배려로 인해 한 사람에게는 큰 영향을 미칠 수 있다는 것과 '포기하지 않고 노력하면 못 할 것이 없구나.' 하고 느꼈다고 합니다. 이렇게 작은 하나의 경험으로도 실패와 성공을 접하면서 감사와 배려까지 배울 수 있었습니다.

여행을 통해서도 많은 경험을 할 수 있습니다. 제가 여행을 무척이나 좋아해서 아이에게도 여행으로 넓은 세상을 보여주고 싶었습니다. 여행통장을 따로 만들어 정기적으로 자금을 모았고 최소한 일 년에 2회 이상은 비행기에 몸을 실었습니다. 가족이 함께 목적지를 정하고 일정을 계획하고 새로운 경험을 공유하면서 추억을 쌓았습니다.

여행을 다니면서 아이는 열악한 환경에서 사는 사람들을 보면서 삶의 감사함을 느꼈고, 영어를 공부가 아닌 언어로 부담 없이 편안하게 접근할 수 있었습니다. 세계 여러 나라 사람들을 접하면서 문화의 다양성을 인정하고, 아이의 무대는 한국이 아닌 세계라는 것을 인식하면서 왜 공부해야 하는지를 느낄 수 있었습니다.

한번은 동남아시아에서 길거리음식을 먹고 배탈이

나서 고생한 적도 있었고, 스노클링 하다가 안경을 잃어버려 현지에서 안경을 맞춰야 하는 일도 있었습니다. 여행에서 겪은 경험들은 아이들의 기억에 좋은 추억으로 남아있으면서 힘들 때 지탱할 수 있는 힘이 됩니다. 어릴 때부터 함께 한 여행은 지금까지도 변함없이 함께하면서 가족의 유대감을 단단하게 만들어 줍니다.

안 되는 이유를 따지다 보면 할 수 있는 것들이 별로 없습니다. 하고 싶은 것이 있으면 나머지를 포기하더라도 실행해 본다면 생각하지 못한 뜻밖의 행운도 생길 겁니다. 요즘에는 아이들이 중학생만 되어도 가족과 외식이나 여행도 안 하려고 한다는데, 지금부터라도 함께 공유하고 경험한다면 아이들은 점차 바뀔 수 있습니다.

저는 아이가 초등학교 중학교 시절까지 학교에 체

험학습 내는 것을 어려워하지 않았습니다. 어릴 때 가족과 함께하는 시간이 중요하다고 생각했고, 학교생활에 지장을 받지 않는 선에서는 가족여행이 더 가치있는 일이라고 생각했습니다.

책이나 영화, 공연 등 다양한 문화생활을 접하면서 간접적인 경험으로도 아이가 크게 영향을 받게 됩니다. 정서적으로 중요한 시기에 극장이나 문화시설을 자주 다니면서 개봉되는 최신영화는 거의 다 본 것 같습니다. 좋은 영화들은 보면서 아이에게 만 원 정도로 이런 우수한 콘텐츠를 즐길 수 있다는 것을 감사하게 생각하자고 늘 말했습니다.

영화는 몇 년간의 제작 기간을 거치면서 방대한 지식과 사건 등을 2시간 이내에 담아내면서 우리에게 재미와 감동과 교훈을 줍니다. 아이는 좋은 영화를 보고 나면 친구들에게 이야기해 주고 영화 추천도 해주었다고 합니다.

주말 오전이면 일찍 집을 나서서 조조로 영화를 보고 간단한 점심을 먹고 오후에는 도서관이나 서점에서 시간을 보냈습니다. 각자가 자유롭게 책을 골라 평소 관심 있는 주제의 책을 읽으면서 시간 가는 줄 몰랐습니다.

요즘 아이들은 유치원 때부터 선행학습과 학원에 시달리고 운동장에서 마음껏 뛰놀기보다는 스마트폰과 함께 보내는 경우가 많아서 안타깝습니다. 아이들은 많은 것을 경험하면서 에너지를 밖으로 표출해야 합니다. 아이는 경험을 통해 작은 성공과 실패를 느끼면서 배우고 성장하게 됩니다.

여행이나 배움을 통한 직접적인 경험과 책이나 영화, 공연 등을 통한 간접적인 경험을 통해 아이는 스스로 배우면서 자랍니다. 세상에 나쁜 경험은 없습니다. 걱정하지 말고 아이가 직접 부딪쳐보고 스스로 느낄 수 있도록 다양한 경험을 하게 해주세요.

ω

아이의 공부 습관을 들이기 위해 지켰던 세 가지 요건,
원칙과 성취감 그리고 엄마의 관심

7
아이의 공부 습관을 잡아라

　"우리 아이는 공부하는 습관이 잡혀서 스스로 알아서 공부해요."라고 말하는 엄마가 있다면, 누구나 부러워하면서 어떻게 공부 습관을 잡았는지 그 비법이 뭔지 궁금해할 것입니다. 시중에는 아이의 공부 습관을 잡아주기 위해 여러 가지 방법을 소개하는 책들이 수없이 많습니다. 저 또한 다양한 책들을 찾아봤지만 꾸준하게 매일 습관을 들이는 방법 말고 하루아침에 달라지는 특효 법은 없었습니다.

공부는 머리로 하는 것이 아니라 엉덩이로 한다는 말이 있죠? 앉아서 버티면서 익숙해질 때까지 하면 됩니다. 결국, 공부는 아이가 하는 것이 아니라 그 아이가 만든 공부 습관이 하는 것이죠. 그럼 이렇게 중요한 공부 습관을 어떻게 하면 잡을 수 있을까요?

제가 아이의 공부 습관을 들이기 위해 지켰던 세 가지 요건을 말씀드리면, 원칙과 성취감 그리고 엄마의 관심입니다.

첫 번째, 밥 먹고 양치질하는 것처럼 습관이 되도록 아이가 전혀 부담스럽지 않은 학습량으로 매일 같은 시간에 공부하게 했습니다. 해도 되고 하지 않아도 되는 것이 아니라 반드시 해야 하는 원칙을 철저히 지키게 했습니다. 아이에게 조기교육이나 선행학습은 시키지 않았고 유치원 시절부터 매일 학습지를 하루 10분씩 공부하는 것부터 시작했습니다.

두 번째, 아이에게 매일 하는 공부에 대한 성취감을 느끼게 했습니다. 구몬 수학을 하면서 매일매일 풀었던 학습지를 쌓아두고 이만큼이나 했다고 아이 눈으로 꾸준히 한 것에 대한 결과물을 보면서 뿌듯함을 느끼게 했고 한 단계 올라갈 때마다 칭찬해주었습니다. 독서한 책의 제목을 써서 벽에 붙여놓고 쌓여가는 목록을 보면서 성취감을 느끼게 해주었습니다.

세 번째, 엄마의 꾸준한 관심입니다. 처음 습관이 잡힐 때까지는 함께 공부했고 노력하는 과정을 칭찬하면서 꾸준히 관심을 가졌습니다. 하라고 다그치면서 강요하거나 야단치는 것이 아니라 건강하게 관심과 칭찬을 주는 것입니다.

공부 습관을 잡아주기 위해서는 아이에게 왜 공부를 해야 하고 공부 습관이 중요한지 설명하고 이해시키는 것이 우선입니다. 아이가 스스로 하고자 하는 마음이 생겨야 단 10분이라도 즐겁게 공부를 시작할 수 있습니다. 이런 공부 습관에 대한 필요성을 아이가 스스로 인식하지 못한다면, 엄마의 눈을 피해 딴짓을 하거나 10분만 하면 될 공부를 30분이나 한 시간이 지나도록 끌고 가게 됩니다.

절대 조급하게 생각하지 말고 하루, 한 달, 석 달 꾸준히 원칙과 관심을 가지고 함께한다면 하루의 습관이 모여 평생의 습관으로 이어질 것입니다. 공부 습관이 안 잡혀 있으면 억지로 공부를 시키거나 아무리 좋은 학원에 보내더라도 좋은 성과를 내기 어렵습니다.

아이의 수준에 맞는 학습량으로 매일 매일 하루에 10분씩만이라도 꾸준히 공부하게 되면 1년이 쌓이고

3년이 쌓이고 초등학교 6년이 지나면서 중학교 고등학교로 연결되어 공부 습관이 형성될 것입니다. 아직 시간이 있습니다. 오늘부터 바로 시작해 보시는 것은 어떨까요?

Chapter 3

서울대 합격의 공부법

1. 고등학교 내신이 대학을 결정한다
2. 수업 시간에 공부의 50%를 끝낸다
3. 설명할 수 있는 공부가 진짜 공부다

ω

아이들이 학원에 다닐 때도 스스로 공부할 수 있는
자기 학습 시간은 꼭 확보되어야 하고,
아이의 성향에 따른 학습법을 찾는 것이 중요합니다.

1
고등학교 내신이 대학을 결정한다

입시에서 성공하려면 무엇보다도 고등학교 내신이 중요합니다. 중학교 내신은 대학 입학에 영향을 미치지 않지만, 수시로 대입을 준비하면 고등학교 내신성적을 기반으로 대학의 라인이 결정되기 때문에, 내신을 철저하게 관리해야 합니다.

초중등과정을 기반으로 막상 고등학교 때 어떻게 공부하느냐가 대학 입시에서 성공의 관건입니다. 아이마다 기질과 성향이 다르므로 아이에게 맞는 최적의 공부법을 찾아서 고등학교 3년 동안 지치지 않게 꾸준히 내신을 준비하면 됩니다.

아이들은 고등학교 1학년 내신 결과에 따라 수시로 입시를 준비할 것인지, 정시로 준비할 것인지 입시의 방향을 결정합니다. 수시로 입시를 준비한다면, 중학교 3학년 시기가 중요합니다. 이 시기를 어떻게 보내느냐에 따라 고등학교 1학년 내신이 결정되고 이를 기반으로 2학년 3학년까지 성적이 이어지게 됩니다. 특히 중3 겨울방학은 정말 중요한 시기로 고등학교 1학년 과정을 미리 공부하고 고등학교에 입학하는 것이 좋습니다.

아이가 공부에 투자한 노력과 시간만큼 성적이 향

상되어야 성취감도 느끼고 지치지 않고 꾸준히 공부
할 수 있습니다. 무리하게 미리 선행학습을 하기보다
는 아이의 성향에 맞춰서 고등학교 입학 전 최소 한
학기 정도의 선행학습은 필요할 것 같습니다.

시험 기간에는 수학과 영어에 많은 시간을 들여서
공부하기가 힘들어서 평소에 미리 진도를 끝내놓고
시험 준비를 하는 것이 좋습니다.

모든 과목을 암기과목으로 생각하고, 교과서 위주
로 반복 학습을 하며 수업 시간에 노트필기 한 것과
선생님께서 나눠주신 유인물과 기출문제를 위주로 공
부했습니다.

아이는 고등학교 1학년 중간고사를 준비하면서 스
스로 다니던 학원을 그만두고 독서실에서 공부했습니
다. 학원에 다니면서 이점도 많았지만, 무엇보다 스스
로 공부할 수 있는 시간이 절대적으로 부족했고 학원

에서 늦게까지 있다 보니 체력적으로도 많이 힘들어했습니다. 엄마로서는 불안한 점도 있었지만, 아이의 뜻을 존중하고 과감하게 아이의 결정을 지지해주었습니다. 아이들이 학원에 다닐 때도 스스로 공부할 수 있는 자기 학습 시간은 꼭 확보되어야 하고, 아이의 성향에 따른 학습법을 찾는 것이 중요합니다.

　평소에는 모의고사 위주로 공부하고, 내신 준비는 시험 4주 전부터 공부계획표를 꼼꼼하게 짜서 그날그날의 학습량은 채우면서 공부했습니다.

　공부 계획은 구체적으로 세분화해서 아이 스스로 역량에 맞게 계획했고, 중간에 수정·보완하면서 시험을 준비했습니다. 아이의 경우에는 엉덩이로 공부하는 형이라 평소에는 독서실에서 하루 5시간 이상, 시험 기간에는 7시간 정도 자기 주도 학습하면서 계획표대로 공부량을 조절했습니다.

하루는 12시가 넘어서도 연락이 없고 집에 오지 않길래 걱정이 되어서 독서실로 데리러 갔더니 그날 계획한 공부가 끝나지 않았다고 다하고 가겠다고 먼저 집에 가라고 하더군요. 엄마 마음에 걱정이 되어 독서실 휴게실에서 기다리다 2시가 다 되어 함께 집으로 오면서, 수고한다고 노력한 만큼 좋은 결과가 있을 거라고 손잡아주면서 격려하고 칭찬해주었습니다. 치열하게 공부하는 모습에 마음 한구석이 시리면서 아팠습니다.

아이는 시험 4주에서 2주 전까지 하루에 한 과목씩을 집중적으로 공부했고, 2주에서 3일 전까지는 매일 모든 과목을 훑으면서 준비했습니다.

3일 전부터는 첫날 시험과목에 집중공략을 했는데 첫 과목을 잘 봐야 나머지 시험도 애정과 의욕이 생긴다고 첫 시험을 아주 중요하게 생각했습니다.

아이가 치열하게 열심히 준비한 만큼 첫 시험에서 좋은 성적을 받았습니다. 노력한 만큼 성과가 나와서 기분은 좋았지만 좋은 성적을 그대로 유지해야 하는 부담감도 느꼈습니다. 첫 시험 이후로 아이는 전교 1등을 지키기 위해 치열하게 공부했고 2학년 때 성적이 조금 떨어졌지만 3학년 1학기까지 내신 1.18등급으로 학교장추천을 받아 서울대학교에 지역균형선발전형으로 지원할 수 있었습니다.

매년 바뀌는 입시정책 때문에 어떻게 준비해야 할지 혼란스러운 경우가 많지만, 3년의 고등학교 생활에 충실하면서 꾸준히 내신을 준비한다면 반드시 좋은 결과가 있을 것입니다.

수시로 입시를 준비한다면, 중학교 3학년 시기가 중요

특히 중3 겨울방학은 정말 중요한 시기로
고등학교 1학년 과정을 미리 공부하고 가자

무리한 선행학습은 그만

아이의 성향에 맞춰 최소 한 학기 정도만.
시간이 많이 필요한 수학과 영어는
시험기간 전에 진도를 끝내자

교과서 위주로 반복 학습

모든 과목을 암기과목으로 생각하고
노트필기와 유인물, 기출문제 위주로 공부하자

시험 기간 팁

시험 4주에서 2주 전까지 : 하루에 한 과목씩을 집중적으로
2주에서 3일 전까지 : 매일 모든 과목을 훑으면서 준비
3일 전부터 : 첫날 시험과목에 집중공략!
첫 과목을 잘 봐야 나머지 시험도 애정과
의욕이 생긴다

ω

아이는 과목마다 시험출제자가 직접 강의한다는 생각으로
출제자의 의도를 파악하기 위해
선생님의 표정이나 목소리 톤의 변화 등을
세심하게 관찰하면서 집중해서 수업을 들었습니다.

———————————————————————————

2
수업 시간에 공부의 50%를 끝낸다

　고등학교에서 높은 내신 점수를 유지하기 위해서는 가장 중요한 점은 수업 시간에 적극적으로 참여하는 것입니다. 선생님의 말씀에 얼마나 집중하느냐에 따라 시험성적이 달라질 수 있고, 선생님과의 관계도 중요하게 작용하기 때문입니다.

아이는 과목마다 시험출제자가 직접 강의한다는 생각으로 출제자의 의도를 파악하기 위해 선생님의 표정이나 목소리 톤의 변화 등을 세심하게 관찰하면서 집중해서 수업을 들었습니다. 시험문제를 학교 선생님께서 출제하기 때문에 선생님의 특성을 파악하고, 반복하여 강조하는 것을 미리 알아채려고 노력했습니다.

선생님께서 설명해주는 모든 것이 시험에 초점이 맞춰져 있어서 수업 중에 말씀하신 농담까지도 기억할 수 있게 꼼꼼하게 노트필기를 했고, 수업내용을 다시 요약정리하여 자기만의 노트로 만들어 공부했습니다.

수업 시간에 공부의 50%를 끝낸다는 생각으로 집중해서 수업에 참여하다 보면 선생님도 아이에게 관심을 가지고 눈여겨보십니다. 이는 자연스럽게 과목별 세부 능력 및 특이사항 등을 기록할 때 세심하게 작성해 주셔서 좋은 피드백으로 돌아오게 됩니다.

아이는 수업이 지루하거나 재미없는 과목은 미리 예습을 통해 내용을 숙지하고 의도적으로 흥미를 유발한 상태에서 수업에 임하면서 그 시간 안에 공부를 끝낸다고 생각했습니다. 예습을 통해 미리 교재를 보면서 다음번에 배울 내용 중 무엇이 가장 중요한 부분인지, 지난번 배운 내용과 어떻게 연결될지 스스로 공부에 대한 능동적인 자세로 수업에 임했습니다.

수업이 끝나면 그날에 배운 내용을 한번 훑어보고, 다음날 반드시 복습하고 일주일 후 다시 복습하고 한 달 이내 다시 복습하는 방법으로 학습상태를 확인했습니다.

독일의 심리학자 헤르만 에빙하우스(Hermann Ebbinghaus)의 망각곡선이론(forgetting curve)에 따르면 학습 후 10분 후부터 망각이 시작되면서 1시간 후에는 50%를 잊어버리게 되고, 하루 뒤에는 70%를 잊는다고 합니다. 초반에는 망각의 속도가 빠르지만, 시간이 지날수록 점점 잊는 속도가 느려져서 효과적인 복습 방법으로 장기기억을 관리 할 수 있었습니다.

수업 시간에 집중력을 올리기 위해서는 환경이 미치는 영향도 크기 때문에 앉는 자리도 중요한 역할을 합니다. 아이마다 선호하는 자리가 다르지만, 수업에 집중이 잘되는 자리에 앉는 것이 좋습니다. 선생님과 가까운 자리에 앉게 되면 수업에 집중도가 높아지는데 아이의 성향에 따라 앞자리도 좋지만 부담스럽다면 세 번째 정도의 자리도 안정적입니다. 뒷자리나 문 앞자리에 앉게 되면 집중력이 떨어지고 일반고에서는 중간에 엎드려 자는 아이가 간혹 있어서 되도록 앞자리가 좋습니다.

아이들은 하루 중 학교에서 8시간 이상 수업을 듣기 때문에 학교 수업을 소홀히 하면서 학원이나 과외에 집중한다는 것은 주객이 전도된 상황입니다. 학원과 과외는 학교 수업에서 이해하지 못한 내용을 보충하기 위한 수단으로 사용해야 하며 내신시험의 출제자는 학교 선생님이기 때문에 수업 시간에 최대한 집중하면서 공부의 50% 이상을 끝내는 것이 좋습니다.

ω

'아는 것은 안다고 하고,
모르는 것은 모른다고 하는 것,
이것이 진정 아는 것이다.'

이렇게 키워서 서울대 보냈습니다

3
설명할 수 있는 공부가 진짜 공부다

아이는 친구들이 자습 시간이나 쉬는 시간에 모르는 문제를 가져와서 물어보면, 친절하게 설명해주고 최대한 이해시키려고 노력해서인지 아이들로부터 질문을 많이 받았습니다. 아이들이 이해를 못 하는 경우도 더 쉽게 설명하려고 노력했다고 합니다. 아이에게 귀찮거나 힘들지 않냐고 물어보니 친구들에게 설명해주면서, 스스로 잘 이해했는지 점검할 수 있고 관련 내용을 확실하게 알 수 있어 좋다고 했습니다.

아이가 다니는 고등학교에서는 멘토-멘티 활동이 있었는데 아이가 수학이 8등급인 친구를 6개월에 걸쳐 조언해주면서 3등급까지 성적을 올려주었다고 기뻐하는 일도 있었습니다.

미국 행동과학 연구소 NTL(National training Laboratory)에서 진행했던 '학습 효율성 피라미드' 연구를 보면, 공부한 지 24시간 이후에 기억에 남아있는 비율이 공부 방법에 따라 달라진다고 합니다.

강의 중심적인 수동적 학습에서는 수업을 듣고 나면 24시간이 지난 후 5%밖에 기억에 남아있지 않는다고 합니다. 말로 설명하기나 남을 가르치면서 공부를 하면 90%가 남아있다고 합니다. 설명하면서 아는 것

【 학습효과 피라미드 】

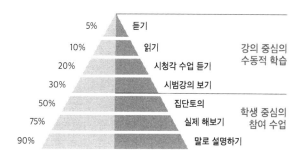

출처 : NTL(National Training Laboratory)

과 모르는 것의 구분이 명확해지고, 알고 있는 지식이 원인과 결과의 관계에 따라 정리가 됩니다. 실제로 말로 설명하는 것이 가장 효율적인 학습법입니다.

말로 설명하기 공부법은 혼자 말하면서 공부하든 친구들에게 설명하면서 공부하든 구체적인 방법에는 정답이 없지만, 가장 중요한 목적은 스스로 공부한 내용을 정확하고 알고 있는지 모르고 있는지 확인하는 것입니다.

「논어」「위정」편 17장에 '지지위지지 부지위부지 시지야(知之爲知之 不知爲不知是知也)'라는 구절이 있는데, 이는 공자는 9살 연하 제자인 자로(子路)에게 사람이 안다는 것이 진정 무엇인지를 알려주고 있습니다.

'아는 것은 안다고 하고, 모르는 것은 모른다고 하는 것, 이것이 진정 아는 것이다'라는 뜻입니다.

아이 스스로 아는 것과 모르는 것을 정확히 파악하고 애매하고 모호한 부분에 집중하고 부족한 부분을 확인해서 막히는 부분이 없도록 공부하면서 완성도를 높여갔습니다. 결국은 설명할 수 있는 공부가 진짜 공부입니다.

Chapter 4

당장 써먹는 성공하는 자녀교육법

1. "괜찮아, 잘하고 있어." 믿고 격려하기
2. "뭐가 제일 재밌니?" 아이와 교감하기
3. 아이는 아이 공부, 엄마는 엄마 공부
4. "너는 존재 자체로 소중해." 감사하기

ω

'엄마가 나를 믿는다고 말해주었을 때 가장 행복했어요.'
'부드러운 손길로 등을 토닥여줄 때 기분이 좋았어요.'
'말없이 지켜봐 주실 때가 가장 고맙고 행복했어요.'

이렇게 키워서 서울대 보냈습니다

1
"괜찮아 잘하고 있어." 믿고 격려하기

"괜찮아 잘하고 있어. 노력한다면 더 잘할 수 있을 거야 엄마는 널 믿어!"

초등학교 1학년 때 받아쓰기 50점 받고 온 아이에게 괜찮다고 말할 수 있는 엄마가 몇 명이나 될까요? 머리로는 받아쓰기 점수쯤은 아무것도 아니라 하지만 가슴으로는 쉽게 받아들이기 힘든 상황입니다. 하지만, 초중고 12년의 과정에서 받아쓰기 한 문제 더 맞고 틀리는 것은 아무것도 문제가 되지 않습니다. 살아가는 데 받아쓰기를 꼭 잘해야 하나요?

초등학교 입학하고 얼마 되지 않아 받아쓰기에서 50점을 받는 일이 있었습니다. 한글을 읽을 수 있고 기본적인 연산을 할 정도의 수준에서 학교를 보냈는데 아이도 내심 실망했나 봅니다. 어깨가 축 처져서는 뭐 큰일이라도 난 것처럼 시험지를 내밀더라고요. 그 모습이 어찌나 사랑스럽던지 지금도 눈에 선하답니다. 점수 보고 웃음이 났습니다. 그리고 '그럴 수도 있겠다.' 대수롭지 않게 생각했습니다.

"괜찮아, 잘했어. 5개나 맞았잖아. 다음번엔 노력하면 6개 맞을 거고 그 다음번엔 7개…. 노력하면 넌 충분히 할 수 있어."

엄마의 반응에 아이는 내심 안심한 듯했지만, 많이 속상해했습니다. 그다음 시험은 아이 스스로 준비하고 노력해서 100점을 받았습니다. 50점 받았을 때 제가 아이를 앉혀놓고 억지로 공부시키며 100점을 강요했다면 아이가 공부하고 싶은 마음이 들었을까요? 아이는 노력해서 스스로 성취한 결과에 뛸 듯이 기뻐하며 자랑을 했습니다.

엄마 처지에서 보면 아이들이 아무 생각이 없는 것 같지만 유치원생만 되어도 자기가 책임질 일에 대한 부담감과 잘하고 싶은 마음을 가집니다. 엄마가 생각하는 것보다 훨씬 더 자기의 일을 잘해나갑니다. 결과에 조급해하고 재촉하면서 다그치는 엄마가 결국은 아이의 발목을 잡을 수도 있다는 사실을 늘 염두에 두면 좋겠습니다. 지금 눈앞의 점수에 휘둘리지 말고 전체적인 큰 틀을 볼 수 있어야 합니다.

우리는 누구나 아이들이 행복한 사람으로 성장하
길 바랍니다. 그렇다면 엄마는 아이를 믿어줘야 합니
다. 엄마가 믿어주는 만큼 아이는 자신을 지탱할 힘
을 얻으며 인생을 살아가는 데 어떤 어려움이 와도 흔
들리지 않는 뿌리를 내린 나무처럼 자랄 수 있을 것입
니다. 믿고 격려하기 위해서는 적절한 관심과 한 발짝
물러서서 내 아이를 바라볼 수 있는 여유가 있어야 합
니다.

엄마라면 누구나 극성과 열정 사이에서 고민하게
됩니다. 소중한 내 아이에게 지금 당장 다해주고 싶은
마음을 충분히 이해하지만 직접 관여하는 것보다는
관심을 가지고 한 발짝 물러서서 아이의 결정을 믿어
주고 격려해 주다 보면 아이는 시행착오를 거쳐 답을
찾아갈 것입니다.

"부모-자녀 관계에 대한 설문 조사" 중 행복한 경험

을 묻는 서술형 질문에 아이들은 부모로부터 "너를 믿어."라는 신뢰의 메시지를 받았을 때 가장 행복하다고 말합니다.

'엄마가 나를 믿는다고 말해주었을 때 가장 행복했어요.'
'부드러운 손길로 등을 토닥여줄 때 기분이 좋았어요.'
'말없이 지켜봐 주실 때가 가장 고맙고 행복했어요.'

아이에게 믿는다고 말해주고 따뜻한 손길로 토닥이고 사랑스러운 눈길로 말없이 지켜봐 줄 때 아이는 더 행복하게 느낍니다. 진심은 통하기 때문에 여유를 가지고 아이가 손 내밀면 잡아줄 수 있는 위치에서 다독이며 믿고 격려해 준다면 아이들도 엄마를 믿게 됩니다.

그럼 아이들을 어떻게 믿어야 할까요?

엄마의 믿음은 무조건이어야 합니다. 넘어지고 실수하고 지켜보기 불안한 아이들을 무조건 믿는다는 것은 쉽지 않지만 계속 믿다 보면 아이들은 엄마가 믿는 만큼 믿을 만하게 자랍니다. 엄마가 다 가르쳐주지 않아도 아이는 스스로 찾아내는 힘이 있습니다.

그래도 불안하다고요?

아이를 무조건 믿기 위해서는 엄마만의 기준이 있어야 합니다. 자녀교육은 미리 경험해 볼 수도 없고 따로 배우는 것도 아니기 때문에 책이나, 강의, 사람들과의 소통을 통해 내 아이에게 맞는 엄마만의 기준을 세우는 것이 필요합니다. 엄마가 공부하지 않으면 자칫 자신만의 경험과 지식으로 잘못된 교육관을 가질 수도 있고 주위의 말에 쉽게 흔들릴 수도 있습니다. 지식과 경험을 통해 습득된 엄마의 기준이 철학이 되고 가치관이 됩니다.

"나는 아이를 인성이 바른 사람으로 기르겠다."

"나는 아이를 행복한 사람으로 기르겠다."

"나는 아이를 자기 주관이 뚜렷한 아이로 기르겠다."

"나는 아이를 몸과 마음이 건강한 사람으로 기르겠다."

다음과 같이 '나의 아이에게 맞는 엄마만의 가치관'을 가지고, 주위에 휘둘리지 말고 중심을 지키면서 내 아이를 믿어야 합니다.

지금 우리 아이의 등을 다독이며 말해보는 것은 어떨까요?

"괜찮아 잘하고 있어."

ω

어릴 때부터 다양한 경험을 하면서
아이 스스로 취향을 찾아간다면
아이의 삶은 훨씬 풍요롭고 행복해집니다.
재미있는 것이 많은 아이는 넘어져도
긍정적으로 일어날 수 있는 회복탄력성도 강해지고
이룰 수 있는 자아 성취감도 높아집니다.

이렇게 키워서 서울대 보냈습니다

2
"뭐가 제일 재밌니?" 아이와 교감하기

아이마다 타고난 기질과 성격이 달라서 나름대로 관심을 가지고 재미있어하며 성과를 나타내는 분야가 다릅니다. 엄마는 아이에게 항상 관심을 가지고 아이와 교감하며 다양한 경험을 통해 아이가 흥미를 느끼는 것을 스스로 찾을 기회를 줘야 합니다.

처음 어린이집을 알아볼 때 몬테소리 교육법을 접하고 아이를 3살 때부터 다니게 했습니다. 아이 각자의 개성에 따른 놀이와 아이가 가진 능력을 끌어내기 위해 지지하고 도와주는 교육방식이 마음에 들었습니다.

모든 아이에게 획일적인 교육이 아닌 각자가 하고 싶은 놀이를 선택해서 할 수 있도록 기회를 주는 방식이 좋았습니다. 인기 있는 놀이는 아이들이 기다렸다가 하면서 배려와 양보를 배우고, 아이가 스스로 좋아하는 것을 찾아가면서 잘할 수 있도록 도와주는 교육방식에 믿음이 갔습니다.

아이가 집에 오면 오늘은 어린이집에서 무슨 놀이를 했는지 어떤 놀이가 제일 재미있있는시 물어보면 신나서 이 놀이가 제일 재미있다며 엄마도 해볼래? 하고 놀이를 만들어서 보여주곤 했습니다. 아이와 눈을 마주치고 대화하면서 어떤 생각을 하는지 질문하면서 함께 놀이했습니다.

아이에게 초등시절부터 예술과 운동 등 다양한 활동을 배우게 하면서 어디에 관심이 있는지 무엇에 흥미를 느끼고 잘하는지 꾸준히 알아가는 과정을 거쳤습니다. 아이가 배우고 익힌 활동들은 공연을 준비하게 함으로 가족들에게 보여줄 기회를 주었습니다.

아이가 준비한 공연은 1부 태권도 시범, 2부 악기 연주, 3부 자작곡 발표, 4부 줄넘기 쇼, 5부 웅변, 마지막 부모님에게 편지 낭송으로 이어졌습니다. 주로 가족여행을 갔을 때 특별공연을 했는데 서툴고 엉성했지만 보는 내내 행복하고 즐거운 시간이었습니다. 가족이 함께 참여하기도 하고 직접 피드백이 왔다 갔다 하면서 아이도 스스로 뭘 더 잘하는지 배워왔던 과정을 보여주면서 뿌듯해하면서, 부끄러워하면서 그 시간을 즐겼습니다.

이러한 공연은 시댁이나 친정을 방문했을 때 할머니와 할아버지에게 인기가 폭발적이었습니다. 아이가 배운 재능을 뽐내면서 스스로 부족한 점을 느끼고 더 잘하고 싶은 마음이 들게 해준 것 같습니다.

아이는 꾸준히 배웠던 태권도를 좋아해서 태권도 품새 하는 과정을 1부에서 보여주었고, 2부에서는 피아노나 리코더로 짧은 곡을 연주했습니다. 3부에는 방귀, 똥 등 아이들이 좋아하는 유치한 주제로 노래를 만들어 불렀습니다. 지금도 생각나는 노래가 있는데 가족들의 발 냄새를 주제로 한 웃기고 짧은 곡으로 그때의 행복했던 추억들을 떠오르게 합니다.

4부에서는 줄넘기하는 것을 보여주고 5부에서는 발표력 수업에서 배웠던 웅변을 했습니다. 마무리는 아빠와 엄마에게 보내는 편지를 읽었습니다. 그러면 아이에게 답장으로 미리 준비한 편지도 읽어주고 공연에 대해 극찬을 해줍니다.

공연의 수준은 그야말로 엉성하고, 유치했지만 그 과정에서 함께 웃으며 아이가 무엇을 재미있어하는지 교감할 수 있어 너무 소중한 시간이었습니다.

엄마의 열정과 극성 사이에서 아이에게 발레를 배우게 한 적이 있었는데 결국은 저의 욕심으로만 끝났던 일도 있었습니다. 처음에는 예쁜 분홍색 옷이 마음에 들어 시작했다가 몸에 꽉 끼는 옷과 타이츠가 너무 싫다고 안 하겠다고 했습니다. 그땐 비용이 아까워서라도 조금이라도 더 배웠으면 했는데 엄마의 괜한 욕심이었구나 하고 미안한 마음이 들기도 했습니다.

초등학교 다닐 때도 좋아하는 과목 3가지만 말해 달라고 하면 수학과 음악, 체육을 뽑았습니다. 어릴 때부터 꾸준히 했던 수학 학습지의 힘 때문인지 과목 중에서도 수학을 제일 좋아했고, 음악과 체육은 공부라고 생각하지 않아서인지 좋아했습니다. 내 아이가 무슨 과목을 제일 좋아하는지 오늘 한번 물어보는 것은 어떨까요?

아이는 커가면서 초중고 시절에 따라 좋아하고 재미있어하는 것도 점점 바뀌게 됩니다. 중학교 시절에는 영화와 음악 듣기를 좋아해서 최신 영화가 개봉하면 주말에 함께 보고, 좋아하는 음악을 핸드폰에 저장해두고 늘 듣곤 했어요. 팝송을 반복해서 들으면서 가사도 외우고 스트레스도 풀 수 있었다고 합니다.

고등학교 시절에는 자전거 타기를 즐겼는데 서울의 '따릉이' 타고 한강에서 뽀글이 라면을 자주 먹기도 했습니다. 뮤지컬도 너무 좋아해서 시험 치고 난 후에 예약해두면 아이 삶의 활력소가 되어 그날을 기다리며 좋아하곤 했습니다.

아이가 무엇을 좋아하는지 무엇에 흥미를 느끼는

지를 관심을 가지고 지지하고 격려해 주면서 함께 공유해보세요. 어릴 때부터 다양한 경험을 하면서 아이 스스로 취향을 찾아간다면 아이의 삶은 훨씬 풍요롭고 행복해집니다. 재미있는 것이 많은 아이는 넘어져도 긍정적으로 일어날 수 있는 회복탄력성도 강해지고 이룰 수 있는 자아 성취감도 높아집니다.

우리 아이가 언제 눈이 반짝반짝하면서 행복해하는지, 언제 옆에서 말을 시켜도 모를 정도로 몰입하는지 관심을 가지고 물어봐 주세요.

"뭐가 제일 재미있니?"

ω

아이는 아이 공부, 엄마는 엄마 공부를 통해
함께 성장하면서, 내 아이가 흔들림 없이
입시라는 긴 여정을 완주할 수 있도록 손을 잡아주고
응원하며 그 길을 함께 가주세요.

3
아이는 아이 공부, 엄마는 엄마 공부

아이가 엄마의 행동을 보고 배우는 것은 변하지 않는 사실입니다. 엄마가 공부하기를 즐기면 아이도 공부하기를 즐길 것이고, 놀기를 좋아하면 아이도 놀기를 좋아할 것입니다. 엄마는 텔레비전을 보거나 스마트폰 사용을 하면서 아이에게는 공부하길 강요하면 아이 마음에 불신과 불만이 싹트게 됩니다. 아이를 공부시키겠다고 엄마가 공부하는 척하면, 아이도 공부하는 척만 할 것입니다.

그래서 엄마도 엄마 공부가 필요합니다. 엄마 공부란 엄마를 위한 공부이지 아이 공부를 대신해주는 것이 아닙니다. 초중고 과정의 각 과목의 단원들을 언제 공부하고 진도가 어디까지인지 훤하게 꿰뚫고 있는 엄마들도 있지만, 이는 그렇게 바람직하지 않습니다.

초등학교 시절에는 공부의 기초 마련을 위해 관심을 가지고 지도해 주는 것도 좋지만 중고등학생만 되어도 엄마가 학교 수업의 대부분을 알고 통제한다면 아이들이 부담스러울 것 같습니다. 어려울 때 도움을 주는 것은 괜찮을지라도 학습의 주도권은 아이들에게 있어야 합니다. 왜냐하면, 공부는 아이들이 스스로 하는 것이니까요.

아이가 공부할 때 엄마도 엄마 공부를 해야 합니다. 저는 수의사로서 말 못하는 동물들을 치료하면서 생명에 대한 책임감과 사명감 때문에 공부를 게을리할 수 없었습니다. 또한 급변하는 미래를 준비하고 아이를 바른길로 이끌어주기 위해 꾸준히 공부하고 있습니다. 아이가 공부하지 않더라도 엄마는 엄마 공부를 하면 됩니다. 아이가 공부하지 않는다고 강요하거나 비교하면서 싫은 소리를 하지 말고 자연스러운 공부 분위기를 만들어 주시면 됩니다.

20년 이상 입시상담을 해온 입시전문가의 말에 따르면 자녀를 서울대에 보낸 부모의 90% 정도가 아이에게 공부하라는 잔소리를 거의 하지 않았다고 합니다. 저 또한 아이에게 공부하라는 잔소리를 해본 적이 거의 없습니다. 잔소리하지 않는 가장 좋은 방법은 공부는 아이에게 맡기고 엄마는 엄마 일에 몰두하는 모습을 보여주는 것으로 생각합니다.

엄마가 책을 읽고 있으면 아이가 책을 들고 옆에 오기도 하고, 엄마가 할 일을 열심히 하고 있으면 아이도 제 할 일을 알아서 찾습니다. 아이에게 잔소리하기 전에 엄마가 모범을 보이면서 공부하는 모습을 보여주세요.

엄마가 꾸준히 매일 공부하는 모습을 보여준다면 자연스럽게 공부 분위기가 만들어지면서 공부하는 아이로 자랄 것입니다.

공부의 기본이 책 읽기인데 엄마들이 아이의 독서 습관을 어떻게 만들어줬는지 궁금해합니다. 저는 아이가 책과 친해질 수 있도록 늘 주위에 책과 함께할 수 있는 환경을 만들어 주었습니다. 임신했을 때도 아이 용품보다 프뢰벨 동화책 전집을 먼저 살 정도로 책에 대해서는 진심이었습니다.

어릴 때부터 일주일에 3일 이상은 저녁을 먹고 집

근처 대형서점을 방문해서 한 시간 이상 책과 함께 시간을 보냈습니다. 서점은 마감 시간이 가까워서인지 사람도 없고 조용한 분위기여서 아이가 처음에는 뛰어다니며 놀기도 했는데 점차 책에 관심을 가지고 책 읽은 습관이 되어 좋아하는 책을 쌓아놓고 몇 권씩 읽곤 했습니다.

아이가 다 못 읽은 책은 다음날까지 못 기다리겠다고 사달라고 할 때도 있었는데, 내일 와서 읽자고 하면 "엄마 이 책은 소장 가치가 충분히 있어요" 하고 저를 설득하기도 했습니다.

아이가 만화책을 읽던 어떤 분야의 책을 읽던 간섭하지 않았고 조금 의도적으로 아이가 봤으면 좋겠다고 생각한 책은 뽑아서 가까운 곳에 두곤 했습니다. 아이의 책 읽기 습관은 늘 책을 가까이할 수 있는 분위기에서 책과 함께 보낸 많은 시간과 노력이 쌓여 점차 형성되었고, 지금도 아이의 바탕을 이루고 있습니다.

저는 25년간 수의사로 살아오면서 전공 공부뿐만 아니라 코로나 이후 변화될 세상을 준비하기 위해 미래를 위한 공부와 책 읽기를 기본으로 글쓰기와 말하기를 공부하고 있습니다. 공부를 꾸준히 하다 보니 방송을 할 기회도 있었고, 강의를 할 수 있는 행운도 있었습니다. 이런 기회가 올 때마다 아이와 공부한 내용이나 준비과정을 공유하고 대화를 나누면서 아이에게 조언을 받으며 도움을 얻었던 것 같습니다.

아이는 아이 공부, 엄마는 엄마 공부를 통해 함께 성장하면서, 내 아이가 흔들림 없이 입시라는 긴 여정을 완주할 수 있도록 손을 잡아주고 응원히며 그 길을 함께 가주세요.

부모는 거울

엄마가 공부하는 척하면, 아이도 공부하는 척만 한다
아이가 공부하지 않더라도 엄마는 엄마 공부를 하자

자기주도 학습

자녀를 서울대에 보낸 부모의 90% 정도가
아이에게 공부하라는 잔소리를 거의 하지 않았다

독서 습관 만들기

책과 친해질 수 있도록
늘 주위에 책과 함께할 수 있는 환경을 만들어 주자
아이가 어떤 분야의 책을 읽든 간섭하지 않는다

ω

엄마의 말이 아이에게는

‘나는 가치 있는 사람이다.’,

‘내가 이루고 가진 것이 아닌 나의 존재 자체로 소중하다.’,

‘나는 **충**분히 잘 해낼 수 있다.’라는

스스로에 대한 믿음으로 이어집니다.

이렇게 키워서 서울대 보냈습니다

4
"너는 존재 자체로 소중해." 감사하기

　엄마는 아이를 열 달 동안 뱃속에서 품고 있으면서, 내 아이를 위해 목숨도 내놓을 수 있는 사랑이 존재함을 느끼게 됩니다. 모성이란 감정이 자연스럽게 생기면서 한없이 소중한 내 아이에게 좋은 것만 보여주고 좋은 것만 먹게 하면서 귀하게 키우고 싶어 합니다.

내 안에서 생명이 탄생하는 놀라움과 책임감은 한 사람의 인생을 송두리째 바꿔놓을 만큼 충분합니다. 이렇게 엄마는 아이를 낳은 후, 이전과 완전히 다른 사람이 됩니다. 아이가 태어날 때의 그 경이로운 순간에 아이의 존재 자체로 소중하고 감사하며 다른 욕심 없이 건강하게 자라주기만을 간절한 마음으로 바랍니다.

"건강하게만 자라주렴." 바랐던 엄마의 마음이 아이가 점차 크면서 다른 욕심들로 채워지게 됩니다. 공부도 잘했으면 좋겠고, 말도 잘 들었으면 좋겠고, 착했으면 좋겠고, 키도 컸으면 좋겠고…. 엄마가 중심을 잡지 않으면 바람에 흔들리는 갈대처럼 욕심으로 마음이 왔다 갔다 하게 됩니다.

아이들은 존재 그 자체로 소중합니다. 아무것도 아닌 작은 일에 까르르 웃고 엄마의 심각한 표정에 금방 울고 하는 그 천진난만함과 순수함으로 아이들은 크면서 부모에게 행복을 주고 효도를 다 하는 것 같습니다.

워킹맘이면 누구나 한 번쯤 아이를 키우기 위해 하던 일을 포기하려고 한 적이 있을 겁니다. 일하면서 아이가 아프다고 연락이 오면 가슴이 철렁하고 내려앉으면서 내가 지금 무슨 짓을 하고 있는지 아이에게 한없이 미안해집니다.

하루는 퇴근 시간이 다 되어 아이를 돌봐주시는 선생님께서 아이가 설사하면서 자꾸 운다고 연락이 왔습니다. 순간 심장이 철렁하면서 일도 집중이 안 되어 대충 정리하고 부리나케 퇴근했습니다.

아이는 성향이 순하고 식성이 좋아서 이것저것 가리지 않고 잘 먹는데 그날은 점심때 밖에서 달걀 요리를 먹이셨다고 했습니다. 날씨가 더워질 시기라 아마

장염이 걸린 거 같았습니다. 설사에 구토에 40도가 넘는 열까지 나서 어쩔 수 없이 응급실에서 꼬박 밤을 새웠습니다.

응급실에서 보채는 아이를 달래며 시간을 보내고 있는데 사고가 나서 다급하게 이송되는 아이를 봤습니다. 저도 동물을 치료하는 수의사라 웬만한 일에 당황하거나 힘들어하지 않는데 다친 아이를 보니 놀라고 마음이 아팠습니다. 사람 마음이 간사하게 불안했던 마음이 감사한 마음으로 바뀌면서 아이의 존재 자체가 더 소중해지는 것을 느꼈습니다.

> "엄마 딸로 태어나줘서 고마워.
> 네가 없었으면 어쩔 뻔했을까?"

> "있는 그대로의 모습을 사랑하고,
> 너 자체로 소중하고 감사해."

　　　　"이 세상에 하나밖에 없는 소중한 네가
　　　　　늘 행복했으면 좋겠어."

　평소에 아이에게 늘 습관처럼 해주던 말입니다. 그러면 아이는 두 눈을 반짝이며 "내가 그렇게 소중해?" 하고 되묻곤 했습니다. 이러한 엄마의 말이 아이에게는 '나는 가치 있는 사람이다.' '내가 이루고 가진 것이 아닌 나의 존재 자체로 소중하다.' '나는 충분히 잘 해낼 수 있다.'라는 스스로에 대한 믿음으로 이어집니다.

　아이는 자존감이 높아지면 자신에게 가치를 부여하면서 자신의 믿음대로 행동하게 됩니다. 남의 평가나 작은 일에도 흔들리지 않고 자신에게 긍정적인 평가를 하게 됩니다.

　아이에게 어떤 가치를 부여하는지에 따라 성취가 달라짐을 알려주는 유명한 실험이 있습니다. 미국 하버

드대 심리학과 교수였던 로젠탈 박사와 초등학교 교장 이었던 제이콥슨 박사의 '로젠탈-제이콥슨 실험'입니다.

무작위로 선발된 학생들을 교사들에게 다른 학생들에 비해 두뇌가 명석해서 성적이 향상될 거라고 알려주고 결과를 평가했는데 다른 학생들에 비해 실제로 성적이 크게 향상되고 지능지수(IQ)도 24점이나 오른 학생이 있었다고 합니다. 이 결과를 요약하면 '교사가 우수한 학생이라는 기대를 하고 가르치면 그 학생들은 우수하게 성장할 확률이 높다. 교사는 마음으로 아이를 조각하는 교실 안의 피그말리온이다'라고 했습니다.

엄마가 아이의 존재를 소중하게 인정해주고, 아이 스스로 자신에게 가치를 부여한다면 아이의 뇌에 뚜렷하게 새겨진 자기 존중감은 적절한 행동을 끌어내고 결국은 믿는 대로 이루어지는 결과를 가져올 것입니다.

지금 아이의 눈을 보면서 한번 말해보는 것은 어떨까요?

"너는 존재 자체로 소중하단다."

제가 수의사로 평생을 살다 보니 아이들과 동물들은 비슷한 점이 많은 것 같습니다. 강아지와 고양이도 어떤 보호자를 만나느냐에 따라 성격과 행동이 달라집니다. 진료하면서 가끔 사나운 동물들을 만날 때면 투정 부리는 아이들처럼 '너도 마음이 아프구나.' 하고 짠한 마음이 들어 더 애정이 간답니다. 무섭고 두려운 마음이 사나움으로 표현되는 것을 이해해주고 억지로 하지 않고 기다려주고 사랑으로 대하다 보면 어느새 부드러워지는 경우가 많습니다.

우리 집 막내인 프렌치 불도그 창이는 2개월 때 집에

왔을 때 무척 개구쟁이였습니다. 대소변 교육도 안 되어 있고 이갈이 시기라서 온갖 장난감을 주고 놀아줘도 가구를 물어뜯고 심지어는 벽까지 갉아댔습니다. 아이와 함께 창이에게 칭찬 교육을 꾸준히 한 결과 지금은 언제 그랬을까 싶을 정도로 의젓합니다. 안 되면 기다려주고 잘하면 칭찬해주고를 반복하면서 정성을 들인 결과입니다.

대소변을 잘 가리는 것은 기본이고, '안녕하세요', '기다려', '빵!!!' 등 말을 얼마나 잘 알아듣는지 모릅니다. 산책하러 가자고 줄을 물어오는 등 의사 표현도 정확합니다. 창이에게 꾸준히 사랑과 관심을 가지고 칭찬하면서 훈육한 결과인 것 같습니다.

하물며 꽃에도 적절한 사랑과 관심을 주면 되지 그 이상의 것을 강요하면 이내 시들어 버립니다. 이것이 생명의 이치입니다. 아이뿐 아니라 동물도 식물도 누구의 손에 어떻게 맡겨지느냐에 따라 다른 길을 걸어갑니다. 세상에 그냥 이루어지는 것은 없습니다. 하나의 작품을 만들기 위해서는 긴 시간 동안 참고 견디며 꾸준히 인내하며 정성을 쏟아야 합니다.

아이는 부모의 것이 아니기 때문에 마음대로 할 수 있는 존재가 아닙니다. 아이의 특성에 맞게 재능을 찾아주고 믿고 기다려주고 사랑으로 정성을 쏟다 보면 훌륭한 한 사람으로 성장할 것입니다.

아이 교육에는 정답이 없고 각 아이의 특성에 맞는 해답이 있을 뿐입니다.

아이는 지금 대학교 캠퍼스를 누비며 좋은 사람들과 함께 배우고 나누며 인생을 알아가고 있습니다. 서울대학교 입학은 이제 첫 관문을 넘어선 것이고 앞으로 더 큰 미래가 아이 앞에 펼쳐질 것입니다. 늘 그래왔던 것처럼 아이와 함께 인생을 걸으며 필요할 때 손 잡아 줄 수 있는 인생의 동반자로 살고 싶습니다.

늘 세심하게 배려하면서 우리 가족을 든든하게 지켜 주는 훌륭한 남편, 자상하고 따뜻한 매력적인 멋진 아들, 긍정적인 재롱둥이 예쁜 딸, 늘 자식들 잘되길 바라는 부모님 돌아보니 모든 것이 감사할 따름입니다.

우리나라 입시를 준비하는 모든 아이와 엄마가 흔들림 없이 행복하게 그 길을 완주할 수 있도록 항상 응원합니다.

끝으로 부모와 아이를 활과 화살에 비유한 칼릴 지브란의 '아이들에 대하여'로 저의 글을 마무리 짓겠습니다. 감사합니다.

아이들에 대하여

칼릴 지브란

그대의 아이는 그대의 아이가 아니다.

아이들이란 스스로를 그리워하는

큰 생명의 아들 딸들이니

그들은 그대를 거쳐서 왔을지라도

그대로부터 온 것은 아니다.

그들이 늘 그대와 함께 있다 하더라도

그들은 그대의 소유물이 아니다.

그대는 아이들에게 사랑을 줄 수는 있으나

생각까지 주려고 하지는 말라.

아이들에게는 아이들의 생각이 있기 때문이다.

그대는 아이들에게 육신의 집은 줄 수 있으나

영혼의 집까지는 주려고 하지 말라.

아이들의 영혼은 내일의 집에서 살고 있기 때문이다.

그대들은 결코 꿈에서조차 찾아갈 수 없는

내일의 집에 살고 있다.

아이들과 같이 되려고 애쓰는 것은 언제나 좋으나

아이들을 그대와 같이 만들려고 애쓰지는 말라.

큰 생명은 결코 뒤로 물러가지 않으며

어제에 머무는 법이 없음으로

그대가 활이라면 아이들은 살아서 날아가는 화살이다.

신이 그대를 힘껏 구부려서 영원의 길에 놓인 과녁에

아이들이란 화살을 쏠 때 기꺼이 그대의 구부러짐을 기뻐하라.

신은 날아가는 화살도 구부러진 활도 똑같이 사랑하신다.